Coffee Time
Discovery

コーヒー1杯分の
時間で読む

「教養」日本史

JAPANESE HISTORY

佐藤四郎

監修

Gakken

本書の特長

POINT 1

コーヒーとともに愉しむ，大人の勉強時間に。コンパクトに学べる，教養シリーズ。

　本シリーズは，カフェや家でくつろぎながら読めるやさしい教科書として，コンパクトに内容をまとめた教養シリーズです。各テーマのタイトルや見出しを追っていくだけでも，短時間で一気に全体像をつかむことができ，忙しい中で気軽に教養を深めたい人にもぴったりの1冊です。

POINT 2

こんな人にもおすすめ!

☑ ちょっとした時間に，新しいことを学びたい。

☑ 知らないと恥ずかしい，歴史の内容を知っておきたい。

☑ 歴史の全体像を，一気に俯瞰したい。

☑ 教養を深めて，会話の引き出しを増やしたい。

［流れ］＋［図解］で，
各時代の要点がサクッとわかる！

左ページでは，時代の流れをストーリーで
学びます。1テーマ1見開き完結なので，
コンパクトに理解することができます。

右ページでは，地図や表，イラストなど，
理解を助けるビジュアル関連の情報を
まとめています。

各章末の確認問題で，
常識レベルの知識をチェック！

章の終わりには，3択
クイズ形式の確認
問題のコーナーがあ
ります。ぜひ挑戦し
てみてください。

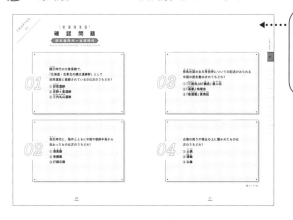

CONTENTS

CHAPTER
07

明治時代

01

History from the Paleolithic to the Kofun Period

旧石器時代～古墳時代

| 7000000 | 10000 | B.C. 0 A.D. | 500 | 1000 | 1500 | 2000 |

"日本列島とユーラシア大陸が陸続きだった氷河時代，
マンモスなどの大型動物を追って渡来した人びとが日本に住み始めた。
当時の人びとは狩りや植物の採集をして移動しながら暮らしていた。
その後，縄文時代には土器が使われ定住生活が始まり，
弥生時代には稲作が広まって人びとの間には身分の差が生まれた。
古墳時代になると，王や有力者の墓として古墳がつくられた。
この章では，旧石器時代から古墳時代にかけての
人びとの生活の変化や大陸とのつながりなどについて学んでいく。
コーヒーを片手に，当時の暮らしをのぞいていこう。"

CHAPTER 01

History from the
Paleolithic
to the Kofun Period

THEME

01

♂
Coffee Time
Discovery

JAPANESE HISTORY

人類の誕生と日本のあけぼの

☕ ナウマンゾウなどを追って人類が日本に渡来

　700万年程前，人類はアフリカに誕生したとされ，猿人・原人・旧人・新人の順に出現した。原人が出現した今から約250万年前，地球は寒冷な氷期と比較的温暖な間氷期が繰り返される**氷河時代**であった。氷期の日本列島は大陸と陸続きで，ナウマンゾウやマンモスなどの大型動物が日本に渡来したとされ，これらの動物を追ってやって来た人々が日本に住み始めた。約1万年前に最後の氷期が終わると，地球の温暖化が始まった。この温暖化が人類の文明を大きく発展させることになった。

☕ 日本の歴史の始まりを変えた相沢忠洋

　この頃は，石器によって，石を打ち欠いた**打製石器**を用いた旧石器時代と，石を磨き形を整えた**磨製石器**も用いた新石器時代とに分けられる。長い間，日本の歴史は縄文時代が始まりとされていたが，相沢忠洋が群馬県の岩宿で石器を発見したことをきっかけに本格的な調査が始まると，多数の打製石器が発見され，日本にも旧石器時代が存在したことが証明された（岩宿遺跡）。

☕ 竪穴住居で定住するようになった縄文時代

　地球の温暖化によって大型動物が絶滅し，木の実やイノシシなどが増え，食生活が以前より豊かになった。豊富になった食料を保存・煮炊きするために発明されたのが土器である。この頃の土器は表面の縄目の文様から**縄文土器**と呼ばれる。また，食料が豊かになったことから，人々は移動しながら生活することをやめ，**竪穴住居**を造って定住するようになった。住居の近くには，食後の貝殻などが捨てられこれらが堆積し**貝塚**という遺跡になった。縄文時代の大規模集落として三内丸山遺跡（青森県）が有名で，この遺跡から遠方の集団との交易があったことが明らかになっている。

旧石器時代〜縄文時代

```
7000000      10000      B.C. 0 A.D.    500      1000      1500      2000
```

📖 人類の出現

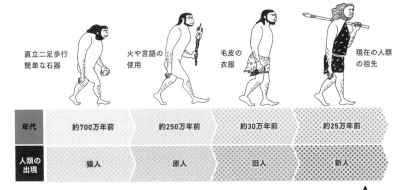

| 直立二足歩行 簡単な石器 | 火や言語の使用 | 毛皮の衣服 | 現在の人類の祖先 |

年代	約700万年前	約250万年前	約30万年前	約25万年前
人類の出現	猿人	原人	旧人	新人

約1万年前に温暖化し，今の日本列島の形に。その頃から土器も使用され，縄文時代スタート。

📖 縄文時代の竪穴住居

草や茅で屋根をつくる。

地面を50cmほど掘り下げる。

[THEME 01 **POINT**]

- 約1万年前に氷河時代が終わり温暖化が始まって，人類の文明が発展した。
- 岩宿遺跡で打製石器が見つかり，日本に旧石器時代があったことが明らかに。
- 縄文時代は食料が豊かになり，食料の保存や煮炊きに縄文土器が利用された。

CHAPTER 01

History from the
Paleolithic
to the Kofun Period

THEME

02

Coffee Time
Discovery

JAPANESE HISTORY

貧富の差が生まれた弥生時代

稲作が広まり，青銅器や鉄器も伝来

　紀元前8〜4世紀頃，稲作が中国から朝鮮半島を経て九州北部に伝わり，日本で米づくりが開始された。やがて東日本にも波及し，北海道や沖縄などを除く日本列島の大部分で食料生産が可能になった。収穫には石包丁で稲穂を摘み取り，収穫した稲は湿気やネズミによる被害を防ぐために床を高くした**高床倉庫**に貯蔵された。土器は，貯蔵用の壺，食物を盛る鉢や高坏，煮炊き用の甕など形状の多様化が進み，装飾が簡素になった**弥生土器**は，縄文土器より薄く熱伝導が良くなり，米の煮炊きに適したものになった。

　稲作とともに，**青銅器**や**鉄器**も中国や朝鮮半島から伝わった。鉄器は当初舟などを造る工具や農具として使用されていた。一方，銅鐸や銅剣，銅矛，銅戈などの青銅器は，材質が鉄器より柔弱であったことから，主に収穫祈願などの祭りの道具として使用された。この紀元前4世紀頃〜紀元後3世紀中頃までの時期を**弥生時代**と呼ぶ。そして，この頃の水稲耕作を基礎とした文化を弥生文化という。

ムラからクニ（国）へ

　多くの人々が集まり協力しておこなう稲作が盛んになると，ムラの人々をまとめる有力者（首長）が現れるようになった。また，獣の肉などより長期間の保存が可能な米は，その量によって人々に貧富の差を生んだ。こうした余剰生産物や，稲作に必要な農地や水などをめぐり，ムラ同士で争いが起こり，争いに勝ったムラが負けたムラを併合し小さな**クニ（国）**が生まれた。弥生時代の**環濠集落**として有名な吉野ヶ里遺跡（佐賀県）では，敵を見張る物見やぐらや敵の侵入を防ぐ深い濠や土塁のある大規模な集落が発掘されている。

| 7000000 | 10000 | B.C. 0 A.D. | 500 | 1000 | 1500 | 2000 |

🔖 弥生時代

弥生時代の稲作

収穫した米は高床倉庫に保存。

粟や豆などをつくる畑作もおこなわれていた。

弥生時代は稲作が広がり，ムラやクニが生まれた。

稲の穂先を摘み取る石包丁などを使用。

縄文時代と弥生時代　特徴の比較

	縄文時代	弥生時代
道具	● 磨製石器…打製石器に加えて登場 ● 縄文土器	● 弥生土器 ● 金属器…青銅器や鉄器
食料採集	● 弓矢を使った狩猟 ● 骨角器の釣針や銛を使った漁労 ● 植物性食料の採集	● 稲作の発達
住居・集落	● 竪穴住居	● 竪穴住居に加え，平地式建物も増加 ● 戦いに備えた環濠集落などが登場
文化	● アニミズム…土偶などの遺物が発見される ● 丸木舟での航海や遠隔地との交易	● 青銅製祭器を使った農耕儀礼 ● 身分差の出現

THEME 02 **POINT**

● 弥生時代は稲作が広まり，収穫した稲は高床倉庫に貯蔵した。

● 弥生土器は薄くて熱伝導が良く，米の煮炊きに適したものだった。

● 余剰生産物などをめぐってムラ同士の争いが起こり，小さなクニ（国）が誕生。

Chapter

01

CHAPTER 01
History from the
Paleolithic
to the Kofun Period

THEME
03

Coffee Time
Discovery
JAPANESE HISTORY

邪馬台国は結局どこにあった?

🪙 中国の歴史書からわかる弥生時代の日本の様子

弥生時代の日本の様子は，中国の歴史書から知ることができる。

中国の漢（前漢）の歴史書『漢書』地理志には，この頃の日本は「倭」と呼ばれており，100余りの小国に分かれ，楽浪郡（前漢の武帝が朝鮮半島に置いた4郡の1つ）に定期的に使者を送る朝貢をしていたとあり，これが現在のところの日本に関する最古の記録である。

次に中国の歴史書で日本に関する記述があるのは，後漢の歴史書『後漢書』東夷伝である。そこには，紀元57年に「倭」の奴国の王の使者が後漢を訪れ，光武帝により印綬を授かったとある。

220年に後漢が滅び，中国は魏・呉・蜀が対立する三国時代となった。中国の歴史書『三国志』の「魏志」倭人伝には，次のように書かれている。倭国は2世紀中頃から争乱が起こり，諸国は卑弥呼を女王とし，3世紀前半に邪馬台国を中心とする約30の諸国の小国連合体が生まれた。卑弥呼は呪術的権威を背景に政治を行い，弟がその補佐をした。239年には魏の皇帝に使者を送り，「親魏倭王」の称号と金印などを授けられた。邪馬台国には身分の差があったともある。卑弥呼の死後，卑弥呼の同族の女性である壱与が王となり国内がおさまった。魏にかわった晋に，266年に倭の女王が使者を送ったあと，約150年間は中国の歴史書に倭国の記録は残っていない。

🪙 邪馬台国の所在地には九州説と近畿説

邪馬台国の所在地は主要な説が二つある。九州説では，邪馬台国は九州北部を中心とする比較的狭い範囲の勢力となる。近畿説では，近畿中央部から九州北部で広域政治連合が成立していたことになり，のちの大和地方を中心とするヤマト政権につながる。現在，奈良県桜井市の3世紀前半頃の遺跡である纒向遺跡が，邪馬台国との関係で注目されている。

📖 中国の歴史書からわかる弥生時代

年代	おもな出来事
紀元前 1世紀頃	倭（日本）には100余りの小国があった
57	奴国の王が後漢の皇帝から 金印を授けられる
239	邪馬台国の女王卑弥呼が魏の皇帝から 「親魏倭王」の称号などを授けられる

卑弥呼

まじないによって国を治めたとされる。

📖 邪馬台国論争

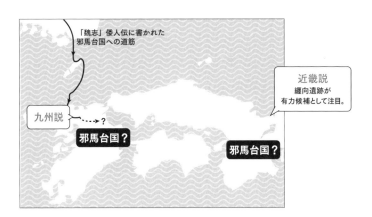

「魏志」倭人伝に書かれた
邪馬台国への道筋

近畿説
纒向遺跡が
有力候補として注目。

九州説

邪馬台国？

邪馬台国？

THEME 03　POINT

- 『漢書』地理志から，日本は倭と呼ばれ楽浪郡に朝貢をしていたことがわかる。
- 『後漢書』東夷伝から，奴国の王が後漢に使者を送ったことがわかる。
- 「魏志」倭人伝から，卑弥呼を女王とした邪馬台国の様子がわかる。

CHAPTER 01

History from the
Paleolithic
to the Kofun Period

THEME
04

Coffee Time
Discovery
JAPANESE HISTORY

古墳はヤマト政権の王や豪族の墓

古墳や埴輪の形状はさまざま

　3世紀中頃～後半になると，大和（奈良盆地）を中心とする地域に，有力な豪族による政治連合である**ヤマト政権**が形成された。そして，ヤマト政権の王や有力な豪族の墓として古墳が築造されるようになった。古墳が各地に盛んに築造されるようになった7世紀頃までを**古墳時代**と呼ぶ。

　古墳の形状には円墳や方墳，大規模な前方後円墳などがあった。最大規模の古墳は大阪府堺市にある**大仙陵古墳**（仁徳天皇陵古墳）で，ヤマト政権の王である大王の墓と考えられている。

　古墳の墳丘上には**円筒埴輪**，中後期は**形象埴輪**（人物埴輪・動物埴輪など）が並んだ。埋葬施設は前・中期は竪穴形態で，後期は横穴式石室が増加した。副葬品は，前期は銅鏡などの祭りの道具が多く司祭者的な性格をもっていたが，中期では武具が多くなり，被葬者の武人的性格が強くなった。

朝鮮半島南部で有利な立場に立つために

　5～6世紀にかけて中国は，南北朝時代と呼ばれる南朝と北朝とに分かれて対立した時代となった。一方，4世紀の朝鮮半島は北部に領土を広げた**高句麗**，南部に領土をもつ**百済・加耶（加羅）諸国・新羅**が勢力を争っていた。4世紀後半に高句麗が南下すると，鉄の延べ板の輸入先となっていた加耶（加羅）諸国と密接な関係のあった倭（ヤマト政権）は高句麗と戦った。その記録は高句麗の広開土王（好太王）碑の碑文に残されている。倭人もこの戦いなどで騎馬技術を学び，古墳にも馬具が副葬されるようになった。

　ヤマト政権の王（倭の五王）は，朝鮮半島南部での外交や軍事において有利な立場に立つため，5世紀初め頃から中国の南朝の皇帝にたびたび使者を送る朝貢をしていたことが，中国の歴史書である『宋書』倭国伝の記述からわかっている。

B.C. 0 A.D.   500   1000   1500   2000

前方後円墳の登場

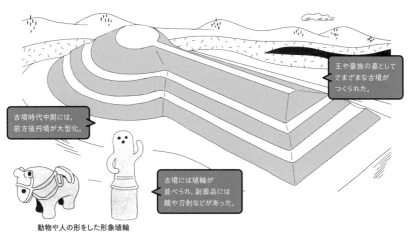

王や豪族の墓として
さまざまな古墳が
つくられた。

古墳時代中期には，
前方後円墳が大型化。

古墳には埴輪が
並べられ，副葬品には
鏡や刀剣などがあった。

動物や人の形をした形象埴輪

4〜5世紀頃の東アジアMAP

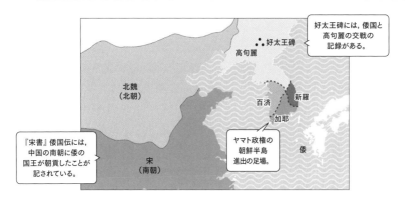

好太王碑には，倭国と
高句麗の交戦の
記録がある。

好太王碑

高句麗

北魏
（北朝）

新羅

百済

加耶

ヤマト政権の
朝鮮半島
進出の足場。

倭

『宋書』倭国伝には，
中国の南朝に倭の
国王が朝貢したことが
記されている。

宋
（南朝）

THEME 04 POINT

🔹 **3世紀中頃〜後半にヤマト政権が成立し，勢力を広げる。**

🔹 **大仙陵古墳などの古墳がつくられる。墳丘上に円筒埴輪や形象埴輪が置かれた。**

🔹 **ヤマト政権の王（倭の五王）が中国の南朝の皇帝に使者を送る （朝貢）。**

CHAPTER 01

History from the
Paleolithic
to the Kofun Period

THEME

05

Coffee Time
Discovery

JAPANESE HISTORY

ヤマト政権が整備した「氏姓制度」

🍵 大陸から儒教や仏教が伝来

　当時戦乱が多かった中国や朝鮮半島から移住してきた**渡来人**によって，**須恵器**と呼ばれる土器や機織りの技術，漢字など多様な技術や文化が伝えられた。6世紀に**儒教**が百済から渡来した五経博士により伝えられ，**仏教**は百済の聖明王が仏像・経論などを贈ってきたことで，正式に伝えられたとされている。

🍵 同族集団の氏，政権内での地位を示す姓

　5〜6世紀になると，ヤマト政権は東北地方南部から九州までの広範な地域を支配するようになったため，統治体制を整備していった。そこで設けられたのが「氏姓制度」である。

　ヤマト政権の豪族たちは，葛城氏，蘇我氏，物部氏などのように，血縁集団や政治的な結びつきの名称である「**氏**」という組織に編成され，「氏」ごとに政権の職務を分担した。そして，ヤマト政権の大王は，これらの豪族に政権内での地位を示す「**姓**」を与えて統治した。「姓」の代表的なものに「臣・連・君・直・造・首・史」などがあるが，「臣」，「連」の姓をもつ有力者から「大臣」，「大連」に任じられ，中央政府の中枢を担った。「大臣」，「大連」の下で，「伴」や「部」と呼ばれる集団を管理し，さまざまな職務にあたったのが「伴造」と呼ばれる職である。現代の組織でいう，部長の下で職務にあたる課長や係長などの中間管理職のような職といえる。

　地方では，初め小豪族が「県主」という地方官に組み込まれたが，ヤマト政権の拡大にともない，地方の有力者は「国造」という地方官に任命された。

　ヤマト政権は人民だけでなく土地も支配した。大王家は直轄地である「屯倉」を，その地の耕作民である「田部」をもった。また，豪族は私有地である「田荘」と，私有民である「**部曲**」をもった。

大陸文化の伝来や古墳時代の風習

大陸から 伝わった 文化	漢字の使用…史部などと呼ばれる渡来人が文書作成
	儒教…百済の五経博士によって伝えられた
	仏教…百済の聖明王によって伝えられたとされる
	須恵器…5世紀以降に朝鮮半島から伝来。硬質で灰色
祭祀や風習	祈年の祭や新嘗の祭り…春に豊作を祈り，秋に収穫を感謝する
	太占の法…鹿の骨を焼き，そのひび割れの結果で吉凶を占う
	盟神探湯…熱湯に手を入れ，やけどの有無で真偽を判断

 ヤマト政権の支配体制

氏姓制度		氏…血縁を中心に編成された組織。蘇我，物部，中臣，葛城など
		姓（カバネ）…ヤマト政権より与えられる称号。臣，連，君，直など
政治制度		大臣 大連 ｝政権の中枢を担当
		伴造…伴や品部を管轄
		伴…品部を管轄
		国造…地方を支配
地方支配	ヤマト政権	屯倉…ヤマト政権の直轄領。田部が耕作に従事
		名代・子代…ヤマト政権の直轄民
	豪族	田荘…豪族の私有地
		部曲…豪族の私有民

THEME 05 POINT

- 渡来人によって須恵器や機織りの技術，儒教や仏教が伝来。
- 氏姓制度では，臣や連の姓の長である大臣や大連が中央政府の中枢を担う。
  地方は国造がリーダーとなり，その下に県主・稲置がつく。

| C H E C K |

確 認 問 題

縄文（じょうもん）時代の大集落跡で，
「北海道・北東北の縄文遺跡群」として
世界遺産に登録されているのは次のうちどれ？

① 岩宿（いわじゅく）遺跡

② 吉野ヶ里（よしのがり）遺跡

③ 三内丸山（さんないまるやま）遺跡

弥生（やよい）時代に，稲作とともに中国や朝鮮半島から
伝わったものは次のうちどれ？

① 須恵器（すえき）

② 青銅器

③ 打製石器

03

邪馬台国の女王卑弥呼についての記述がみられる
中国の歴史書は次のうちどれ?

① 『三国志』の「魏志」倭人伝
② 『漢書』地理志
③ 『後漢書』東夷伝

04

古墳の周りや墳丘の上に置かれたものは
次のうちどれ?

① 土偶
② 埴輪
③ 仏像

答え ▷ P.188

0

Coffee Time
Discovery

⊰ JAPANESE HISTORY ⊱

02

History from the Asuka to the Nara Period

飛鳥時代〜奈良時代

| 7000000 | 10000 | B.C. 0 A.D. | 500 | 1000 | 1500 | 2000 |

厩戸王（聖徳太子）が小野妹子らを遣隋使として派遣して以降，
日本は隋や唐から進んだ制度や文化を取り入れようとしてきた。
律令国家を目指して，唐の律令に学んで大宝律令をつくり，
唐の都である長安にならって平城京が築かれた。
大陸とのつながりや交流は，飛鳥文化や天平文化の中にもみられる。
その一方で，民衆は租・調・庸などの税を負担し，
苦しい生活から浮浪したり逃亡したりする者もいた。
この章では，東アジアの国々とつながりをもちながら，
どんな改革が行われ律令国家が形成されていったのか見ていこう。

CHAPTER 02

History from
the Asuka
to the Nara Period

THEME

06

Coffee Time
Discovery

JAPANESE HISTORY

中央集権国家を目指した厩戸王

冠位十二階と憲法十七条を制定

　6世紀中頃，倭では先進文化や仏教受容の推進派である蘇我氏と，伝統や在来信仰重視の物部氏らが争っていた。587年に大臣蘇我馬子が，大連物部守屋を滅ぼし，さらに592年に崇峻天皇を暗殺して政治権力を握った。崇峻天皇の死後，推古天皇が即位し，日本で初めての女帝が誕生した。

　589年，中国では隋が南北朝を統一して国際的緊張が高まり，周辺諸国は国内統一の必要にせまられた。蘇我馬子と推古天皇の甥である**厩戸王**（聖徳太子）らは協力して，大王（天皇）を中心とする中央集権国家を目指し政治改革を進めた。厩戸王は，氏族ではなく個人の才能や功績に対して冠位を与える**冠位十二階**を制定し，氏姓制度で生じた弊害を取り除こうとした。また，仏教を重んじ豪族に役人としての守るべき心構えを示した**憲法十七条**を制定した。

臣属しない姿勢を示した遣隋使

　この頃，中国への**遣隋使**の派遣が開始され，607年に**小野妹子**が派遣された。以前の外交では中国皇帝に臣属したが，この外交では隋へは臣属しない姿勢を示し，隋の皇帝の煬帝の怒りを買った。遣隋使に同行した高向玄理，僧の旻らは，のちに政界で活躍した。隋にかわって唐が中国を統一すると，倭は630年に犬上御田鍬らを**遣唐使**として派遣した。

　7世紀前半に栄えた仏教中心の文化を**飛鳥文化**といい，中国の南北朝時代の文化や，西アジア・ギリシアなど西方の文化とのつながりがみられる。豪族の権威を示すものとして古墳にかわり寺院が建立され，蘇我氏による飛鳥寺（法興寺），厩戸王創建とされる四天王寺や法隆寺（斑鳩寺）がある。

厩戸王（聖徳太子）の政策

家柄などではなく個人の才能や功績で評価。冠の色で身分の上下を表した。

身分が高い　→　身分が低い

冠位十二階		1	2	3	4	5	6	7	8	9	10	11	12
	冠名	大徳	小徳	大仁	小仁	大礼	小礼	大信	小信	大義	小義	大智	小智
	冠の色	紫		青		赤		黄		白		黒	

憲法十七条（一部）

一に曰く、和をもって貴しとなし、さからう（争う）ことなきを宗とせよ。
二に曰く、あつく三宝を敬え。三宝とは、仏・法・僧なり。
三に曰く、詔（天皇の命令）をうけたまわりては必ずつつしめ。

推古天皇の甥である厩戸王（聖徳太子）が摂政となり、政治を行った。

法隆寺
ほうりゅうじ

飛鳥文化を代表する建築物の一つ。

聖徳太子が建てたといわれる法隆寺（奈良県）は、現存する世界最古の木造建築とされる。

金堂　　五重塔

THEME 06 **POINT**

- 蘇我馬子と厩戸王（聖徳太子）は天皇中心の中央集権国家を目指した。
- 冠位十二階や憲法十七条を制定し，中国に遣隋使を派遣した。
- 仏教中心の飛鳥文化には，中国の文化や西方の文化とのつながりがみられる。

CHAPTER 02

History from
the Asuka
to the Nara Period

THEME

07

Coffee Time
Discovery

JAPANESE HISTORY

律令国家への歩みを進める

🍵 中大兄皇子と中臣鎌足が始めた大化の改新

　厩戸王と蘇我馬子の没後は，蘇我馬子の子の蘇我蝦夷，孫の蘇我入鹿が権力をふるった。中央集権を目指す**中大兄皇子**は，**中臣鎌足**らの協力を得て，645年に蘇我蝦夷と蘇我入鹿を滅ぼした（乙巳の変）。変後，皇極天皇が譲位し孝徳天皇が即位，中大兄皇子を皇太子，阿倍内麻呂を左大臣，蘇我倉山田石川麻呂を右大臣，中臣鎌足を内臣，僧の旻と高向玄理を国博士とする新政権が成立し，大王宮を飛鳥から難波に移して政治改革を始めた。646年，豪族の私有地である田荘・私有民である部曲を廃止して**公地公民制**を目指す方針を示したとされる「改新の詔」が出され，地方行政組織の「評」が設置されるなど，**大化の改新**と呼ばれる諸改革がなされた。

🍵 天智天皇や天武天皇の下で中央集権化がさらに進む

　660年，唐が新羅と結び百済を滅ぼし，倭は旧百済勢力への支援のために大軍を派遣したが，663年に**白村江の戦い**で唐・新羅連合軍に大敗した。
　敗戦後の倭では，防衛政策として，対馬・壱岐などに防人と烽がおかれ，九州の要地に水城や大野城などが築かれ，対馬から大和にかけて朝鮮式山城も築かれた。667年，中大兄皇子は都を内陸の近江大津宮に移し，翌年**天智天皇**として即位して，670年に最初の戸籍となる庚午年籍を作成した。
　天智天皇の没後，672年に天智天皇の子である大友皇子と，天智天皇の弟である大海人皇子とが皇位をめぐって争った**壬申の乱**が起きた。勝利した大海人皇子は673年に飛鳥浄御原宮で**天武天皇**として即位した。天武天皇の下でさらに中央集権化が進み，684年に八色の姓を定め，豪族を天皇中心の身分秩序に編成した。また，銭貨の富本銭の鋳造も行った。天武天皇のあとを継いだ皇后の持統天皇は，689年に飛鳥浄御原令を施行，690年に戸籍である庚寅年籍を作成，694年に飛鳥から**藤原京**に遷都した。

B.C. 0 A.D.　　　500　　　1000　　　1500　　　2000

律令国家形成への流れ

天皇	年代	おもな出来事
舒明 (じょめい)	630	最初の遣唐使として犬上御田鍬(いぬかみのみ たすき)が派遣される
皇極	645	乙巳の変がおこり，蘇我蝦夷・入鹿父子が滅ぼされる
孝徳 斉明 (さいめい)	646	「改新の詔」が出され，公地公民制への移行が示される ← 大化の改新
中大兄※	663	白村江の戦いで唐・新羅の連合軍に大敗する
天智	670	最初の戸籍である庚午年籍が作成される
	672	天智天皇の後継者をめぐり，壬申の乱がおこる
天武	684	豪族の身分制度として八色の姓が定められる
持統	689	飛鳥浄御原令が施行される
	694	藤原京に遷都する

※中大兄皇子は斉明天皇の死後，即位せずに政権を担った（称制(しょうせい)）。

7世紀の朝鮮半島

の国名は統一前の状態

渤海(ぼっかい)

唐

高句麗
668年滅亡

676年に新羅が朝鮮半島を統一

新羅

加耶
562年滅亡

倭は友好国である百済の救援のため出兵するが，唐・新羅の連合軍に大敗。

百済
660年滅亡

倭

白村江の戦い
663年

○大宰府(だざいふ)

敗戦後，九州北部に防人を置くなどした。

THEME 07 **POINT**

- ⊘ 中大兄皇子と中臣鎌足は乙巳の変で蘇我氏を滅ぼし，大化の改新を始める。
- ⊘ 白村江の戦いでの敗北後防人や烽がおかれ，水城や大野城などが築かれた。
- ⊘ 天武天皇は八色の姓を定め，持統天皇は飛鳥浄御原令を施行し藤原京に遷都。

CHAPTER 02

History from
the Asuka
to the Nara Period

THEME

08

0
Coffee Time
Discovery

JAPANESE HISTORY

大宝律令により律令国家が
ほぼ完成

中央に二官八省, 地方に国・郡・里

　701年, 藤原鎌足（中臣鎌足は亡くなる直前に, 天智天皇から藤原姓を賜った）の子である藤原不比等や刑部親王らにより**大宝律令**が完成し, 律令にもとづく政治制度がほぼ完成した。

　中央の行政組織には, 祭祀担当の**神祇官**と, 行政全般を担う**太政官**の二官がおかれ, 太政官のもとで八省が政務をそれぞれ分担し, 行政の運営は**公卿**と呼ばれる太政大臣・左大臣・右大臣などによる合議により進められた。地方組織の行政は全国に**畿内**と**七道**に区分され, その中に**国・郡・里**（里はのちに郷と改称）がおかれ, **国司・郡司・里長**が任じられた。要地の難波には摂津職, 九州北部には西海道を統轄する大宰府がおかれた。

　官人は位階を与えられ, 位階に対応する官職に任じられる官位相当制が採用された。五位以上の貴族を優遇する蔭位の制もあった。

大きな負担となった租・調・庸や雑徭

　民衆は戸籍にもとづき, 6歳以上の男女を対象として口分田が班給され（女性は男性の2/3の割合）, 稲の収穫量の約3％を納める**租**を負担し, 死後に口分田は国に回収された。これを**班田収授法**という。民衆は絹や布, 特産品などを中央に納める**調**, 都での労役の代わりに布（麻布）を納める**庸**, 国司の命令によって年間60日以下の労役である**雑徭**も負担した。国が春と夏に稲を貸し付け, 収穫時の秋に利息をつけて徴収する出挙（公出挙）という貸付制度もあった。兵役は九州沿岸を防備する**防人**などがあった。

　6年ごとに作成される基本台帳である戸籍や, 調・庸などを徴収するため毎年作成される計帳に, 民衆は登録された。身分制度により, 良民と賤民に分けられ, 賤民は官有の陵戸・官戸・公奴婢（官奴婢）, 私有の家人・私奴婢の5種に分けられた。これを五色の賤という。

📖 律令官制の構図

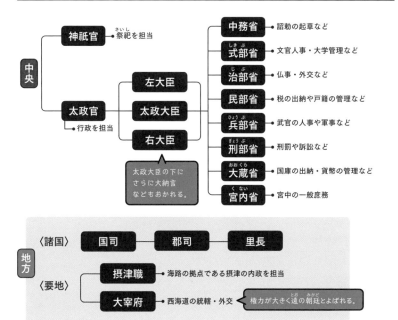

中央

- **神祇官** → 祭祀を担当（さいし）
- **太政官** → 行政を担当
  - **左大臣**
  - **太政大臣**
  - **右大臣**

太政大臣の下にさらに大納言などもおかれる。

- **中務省** → 詔勅の起草など
- **式部省**（しきぶ） → 文官人事・大学管理など
- **治部省**（じぶ） → 仏事・外交など
- **民部省** → 税の出納や戸籍の管理など
- **兵部省**（ひょうぶ） → 武官の人事や軍事など
- **刑部省**（ぎょうぶ） → 刑罰や訴訟など
- **大蔵省**（おおくら） → 国庫の出納・貨幣の管理など
- **宮内省**（くない） → 宮中の一般庶務

地方

〈諸国〉 **国司** — **郡司** — **里長**

〈要地〉
- **摂津職** → 海路の拠点である摂津の内政を担当
- **大宰府** → 西海道の統轄・外交　権力が大きく遠の朝廷とよばれる。（とお みかど）

📖 民衆のおもな税負担

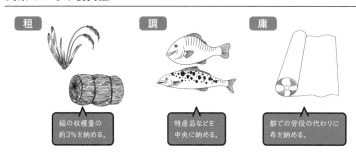

租	調	庸
稲の収穫量の約3%を納める。	特産品などを中央に納める。	都での労役の代わりに布を納める。

THEME 08 POINT

- 中央には神祇官と太政官がおかれ，太政官のもとで八省が政務を分担。
- 地方には国・郡・里がおかれ，国司・郡司・里長が任じられた。
- 班田収授法により6歳以上の男女に口分田を班給，死ぬと国に返す。

CHAPTER 02

History from
the Asuka
to the Nara Period

THEME
09

Coffee Time
Discovery

JAPANESE HISTORY

平城京遷都で奈良時代が始まる

遣唐使が日本にもたらしたもの

　隋にかわって唐が中国を統一すると，日本から**遣唐使**が派遣され，先進的な政治制度や大陸の文化を日本にもたらした。吉備真備や玄昉は帰国後，政界で活躍し，留学生の阿倍仲麻呂は唐の皇帝玄宗に重用された。

　676年に朝鮮半島を統一した新羅とも日本は使節を往来させた。両国関係はときに緊張が走ったが，民間の交易はさかんに行われた。698年に中国東北部におこった渤海は，唐や新羅に対抗するため，727年に日本に国交を求めた。日本も新羅との対抗関係から，渤海と友好的に通交した。

唐の都長安にならった平城京

　710年，元明天皇は藤原京から**平城京**に遷都した。ここからのちの長岡京・平安京遷都までの時代を**奈良時代**という。平城京は唐の都長安にならい，東西・南北に走る道路で区画される条坊制の都市であった。中央を南北に走る朱雀大路により東の左京，西の右京にわけられ，北部中央に平城宮がおかれた。左京・右京に官営の市が設けられ，地方の産物などが取り引きされた。708年には**和同開珎**が鋳造され，中央政府は銭貨の広域な流通を目指したが，畿内周辺以外の地域では，物品で交易が行われていた。

多賀城は蝦夷統治の拠点

　国司の地方統治の拠点は国府（国衙）で，郡司の統治拠点は郡家（郡衙）であった。畿内から七道の国府（国衙）へ駅路という官道が整備され，約16kmごとに駅家が設けられ　（駅制），官人が公用に利用した。

　中央政府は支配領域を拡大しようと，東北地方の人びとである蝦夷に対し，7世紀半ばから防衛のための城柵を設けていたが，8世紀前半に現在の宮城県多賀城市に多賀城を築いて，そこを統治の拠点とした。

奈良時代

B.C. 0 A.D. 500 1000 1500 2000

遣唐使

遣唐使が最初に海を渡ったのは630年のこと。犬上御田鍬らが派遣された。

遣唐使は894年に菅原道真の上表で派遣が停止されるまでの間に19回任命され，15回海を渡った。

平城京MAP

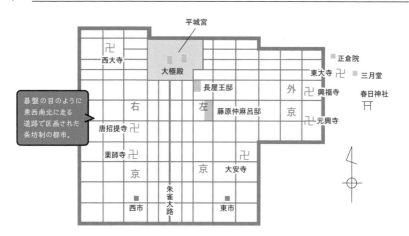

平城宮

西大寺 大極殿 正倉院 東大寺 三月堂

長屋王邸 外 興福寺 春日神社

右 左 藤原仲麻呂邸 京 元興寺

基盤の目のように東西南北に走る道路で区画された条坊制の都市。

唐招提寺

薬師寺 京 京 大安寺

西市 朱雀大路 東市

THEME 09 **POINT**

- 遣唐使の吉備真備や玄昉は帰国後に政界で活躍。阿倍仲麻呂は唐で重用される。
- 710年，元明天皇が平城京に遷都。市が設けられ，和同開珎が流通した。
- 国司の地方統治の拠点は国府（国衙），郡司の統治拠点は郡家（郡衙）。

CHAPTER 02

History from
the Asuka
to the Nara Period

THEME
10

Coffee Time
Discovery

JAPANESE HISTORY

仏教の力で国家を安定させよう!

藤原氏の躍進と弱体化

8世紀初め，藤原不比等は娘を文武天皇に嫁がせ，その間に生まれた皇太子（のちの**聖武天皇**）にも娘を嫁がせ，天皇家との結びつきを強めた。不比等の死後，皇族の長屋王が政権を握ったが，不比等の子である4人の兄弟の策謀により長屋王は自殺させられた（長屋王の変）。彼らは政権を握ったが，天然痘で4人とも病死し，藤原氏の勢力は一時弱体化した。

聖武天皇が東大寺の大仏を造立

次に皇族出身の 橘 諸兄が政権を握ると，唐から帰国した吉備真備らを重用した。740年に藤原広嗣が吉備真備と玄昉らの排除を求めて乱を起こすが鎮圧された（藤原広嗣の乱）。政情が不安定になると，聖武天皇は仏教の力で国家を安定させようと考え，741年に国分寺建立の 詔 を出し，諸国に**国分寺**と**国分尼寺**を建立させることにした。さらに743年には，かの有名な奈良の大仏の盧舎那仏をつくる大仏造立の詔も出した。聖武天皇は娘の孝謙天皇に譲位するが，752年に大仏の開眼供養の儀式が盛大に行われた。

藤原仲麻呂が権力を独占するものの滅ぼされる

孝謙天皇が即位すると，藤原仲麻呂が光明皇太后の信任を得て権力を握った。橘諸兄の子である橘奈良麻呂は藤原仲麻呂を倒そうとしたが，逆に滅ぼされた（橘奈良麻呂の変）。藤原仲麻呂は淳仁天皇を擁立して即位させ，恵美押勝の名を賜り，権力を独占して大師（太政大臣）となった。恵美押勝の後ろ盾であった光明皇太后の死後，僧の道鏡を寵愛した孝謙太上天皇は淳仁天皇と対立した。危機感を感じた恵美押勝は764年に挙兵したが，太上天皇側に滅ぼされた（恵美押勝の乱）。淳仁天皇は淡路に配流され，孝謙太上天皇は重祚して称徳天皇となった。

時代の流れの冒頭に、時代軸の帯があり「奈良時代」と記載。

 奈良時代の流れ

天皇	政権	年	おもな出来事
文武	藤原不比等	701	大宝律令が完成
元明 (げんめい)		710	平城京遷都
元正 (げんしょう)	長屋王	722	百万町歩の開墾計画
		723	三世一身法
	藤原4兄弟	729	長屋王の変，光明子 (こうみょうし) を立后
		737	藤原4兄弟が天然痘の流行で全員病死
聖武	橘諸兄	740	藤原広嗣の乱 以降，聖武天皇は数年間にわたり遷都を実施。 （平城京→恭仁京→難波宮→紫香楽宮→平城京）
		741	国分寺建立の詔　国分寺，国分尼寺を諸国に。
		743	墾田永年私財法 大仏造立の詔
		752	大仏開眼供養
孝謙	藤原仲麻呂	757	養老律令の施行 橘奈良麻呂の変
淳仁		764	恵美押勝の乱
称徳	道鏡	769	宇佐八幡神託事件
光仁 (こうにん)	藤原百川 (ももかわ) ら	770	道鏡左遷

THEME 10 **POINT**

- 藤原不比等が天皇家との結びつきを強める。藤原氏はその後一時弱体化。
- 聖武天皇は諸国に国分寺と国分尼寺，奈良の東大寺に大仏をつくる。
- 藤原仲麻呂は権力を独占して大師（太政大臣）となるが，その後滅ぼされる。

CHAPTER 02

History from
the Asuka
to the Nara Period

THEME

11

Coffee Time
Discovery

JAPANESE HISTORY

初期荘園が成立し，
公地公民が崩れる

🏺 貧窮問答歌に詠まれた農民の厳しい暮らし

　8世紀には，竪穴住居にかわり平地式の掘立柱住居が西日本から普及した。結婚は初めに男性が女性の家に通う妻問婚があった。

　農民は口分田以外に，公の田である乗田や寺社・貴族の土地を借りて耕作し，その収穫の2割を地子として納める賃租や，労役の負担などもあり，生活は圧迫されていた。万葉歌人である山上憶良による**貧窮問答歌**は，当時の農民への共感からつくられたとされる。

🏺 貴族・寺院や地方豪族が私有地を拡大

　人口の増加によって口分田が不足するようになると，723年に**三世一身法**が施行され，新たな灌漑施設を設けた未開の土地の開墾では三世代まで，旧来の灌漑施設による開墾では本人一代の間のみに田地の保有を認めた。743年には，開墾した田地の永久私有を認める**墾田永年私財法**が出された。これによって，貴族・寺院や地方豪族らは農民を使って大規模な開発を行うなどし，私有地を拡大した。この土地支配のことを**荘園**と呼び，8～9世紀のものを初期荘園と呼ぶ。東大寺などの大寺院は，国司や郡司の協力のもと農民らに灌漑施設をつくらせ，大規模な開墾を行った。

🏺 勝手に僧侶になる者や戸籍を偽る者が増加

　この頃，裕福な農民と貧困な農民が現れ農民の階層化が進んだ。貧困化した農民の中には戸籍のある土地を離れて浮浪したり，都の工事現場などから逃亡して地方の豪族のもとに身を寄せる者も増えた。そのほか，勝手に僧侶になる者（私度僧）や，男性の方が税負担が重かったために戸籍上で女性と偽る（偽籍）者も増えた。こうして戸籍・計帳は実情から離れ，班田収授制の実施が難しくなっていった。

📖 初期荘園の成立の流れ

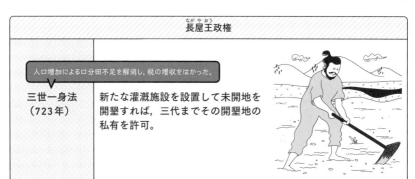

長屋王政権（ながやおう）

> 人口増加による口分田不足を解消し，税の増収をはかった。

**三世一身法
（723年）** 新たな灌漑施設を設置して未開地を開墾すれば，三代までその開墾地の私有を許可。

⬇

橘 諸兄政権（たちばなのもろえ）

> 三世一身法では収公前後に墾田が荒廃したので，土地支配の強化をはかった。

**墾田永年私財法
（743年）** 開墾地の永年私有を保障。

⬇

初期荘園の成立（8〜9世紀）

- 貴族・寺院や地方豪族が私有地を拡大。
- 国司や郡司の協力により，農民や浮浪人らで開墾実施。

⬇

初期荘園の衰退

独自の荘民をもたず国司・郡司の地方統治に依存したため，律令制・国郡制の衰退と一緒に衰退。

THEME 11 POINT

- 掘立柱住居が普及。山上憶良が農民の厳しい暮らしを貧窮問答歌に詠む。
- 723年に三世一身法，743年に墾田永年私財法を出して開墾をすすめる。
- 貴族・寺院や地方豪族が私有地を拡大し，初期荘園が成立。

CHAPTER 02

History from
the Asuka
to the Nara Period

THEME

12

Coffee Time
Discovery

JAPANESE HISTORY

正倉院はシルクロードの終着点!?

🍵 国際色あふれる天平文化が栄える

奈良時代の唐文化の影響が強く国際色豊かで，平城京中心の貴族文化を**天平文化**という。官人養成の教育機関として，中央に大学が，地方では国ごとに国学がおかれた。国家意識の高まりを受け，天皇が統治するゆえんなどを示すために，歴史書の編纂も進んだ。神話・伝承や推古天皇までの歴史をまとめた『**古事記**』や，神代から持統天皇までの歴史などをまとめた『**日本書紀**』などがある。また，諸国の産物や自然，伝承などをまとめた**風土記**も編纂された。さらに，当時，中国古来の詩である漢詩文は貴族や官人の教養とされたことから，751年に現存する最古の漢詩集である『**懐風藻**』が編纂された。和歌では，万葉仮名で記された『**万葉集**』に，貴族や宮廷歌人の歌のほか，防人歌や東国の民衆がよんだ歌（東歌）などが収録された。

🍵 仏教は国家に保護され，その研究も盛んに

奈良時代には，仏教で国家の安定をはかる鎮護国家の思想が広まると，仏教は国家に厚く保護された。仏教理論の研究が奈良の大寺院で盛んになり，南都六宗と呼ばれる学系が形成された。僧の**行基**は東大寺の大仏造営にも協力した。また，唐から渡来した**鑑真**は，正式な僧侶になるのに必要な受戒の作法を伝え，のちに**唐招提寺**を開いた。

🍵 大陸との交流がうかがえる正倉院宝物

彫刻では，東大寺戒壇堂四天王像などの，木を芯として粘土を塗り固める塑像や，興福寺阿修羅像などの，漆で塗り固めた原型を抜き取る乾漆像の技法が生まれた。絵画では，聖武天皇の遺品を納めた正倉院に伝わる鳥毛立女屏風が代表的である。また，正倉院宝物で有名な螺鈿紫檀五絃琵琶には，西アジア生息のラクダが描かれており，大陸との交流がうかがえる。

天平文化における国史・文学や教育

国史・文学	国史	古事記…天武天皇がよみならわせた帝紀・旧辞を筆録したもの。
		日本書紀…舎人親王らによる漢文史書。　年代順となる編年体の形式。
	地誌	風土記…各国の地誌。
	漢詩	懐風藻…現存最古の日本の漢詩集。
	和歌	万葉集…天皇から農民まである和歌の歌集。　東歌・防人歌も収録。
教育	教育機関	大学…中央の教育機関。
		国学…地方の教育機関。
	その他	芸亭…日本最初の公開図書館。　学問する人に開放。

正倉院に保存された国際色豊かな宝物

螺鈿紫檀五絃琵琶

瑠璃坏

正倉院宝物の瑠璃坏。ガラスはペルシャ周辺でつくられ、銀のあしは中国で付けられたと考えられる。

THEME 12　POINT

- 奈良時代に栄えた天平文化は，唐文化の影響が強く国際色が豊か。
- 歴史書の『古事記』や『日本書紀』，歌集の『万葉集』などが編纂された。
- 行基は大仏造営に協力。唐の高僧鑑真が受戒の作法を伝え，唐招提寺を開く。

| C H E C K |

確 認 問 題

〈 飛 鳥 時 代 〜 奈 良 時 代 〉

History from the Asuka to the Nara Period

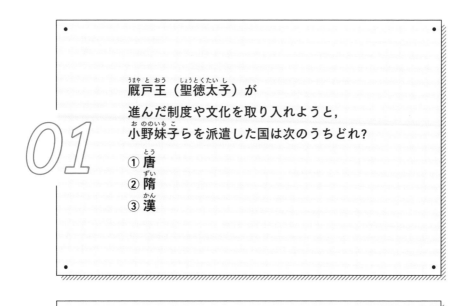

01

厩戸王（聖徳太子）が
進んだ制度や文化を取り入れようと，
小野妹子らを派遣した国は次のうちどれ?

① 唐
② 隋
③ 漢

02

律令制の税で，都での労役の代わりに
布（麻布）を納めるのは次のうちどれ?

① 租
② 調
③ 庸

03

東大寺の大仏（盧舎那仏）をつくる
大仏建立の 詔 を出した天皇は次のうち誰?
① 天智天皇
② 聖武天皇
③ 桓武天皇

04

唐文化の影響が強く国際色豊かで,
平城京中心の貴族文化は次のうちどれ?
① 天平文化
② 飛鳥文化
③ 国風文化

答え ▷ P.188

Coffee Time
Discovery

⨊ JAPANESE HISTORY ⨊

03

History of the Heian Period

平安時代

| 7000000 | 10000 | B.C. 0 A.D. | 500 | 1000 | 1500 | 2000 |

平安時代の都・平安京では，一部の貴族が政治を動かした。
とくに藤原氏は自分の娘を天皇の后にするなどして
天皇家とのつながりを深め，大きな力をもった。
藤原道長や藤原頼通がその代表である。
貴族は広い屋敷に住んで，華やかな暮らしを送った。
宮廷に仕えた紫式部や清少納言が優れた文学作品を残し，
日本人の感情や嗜好，日本の風土に合った国風文化が栄えた。
この章では，平安時代の貴族の政治や暮らし，
文学や仏教などの文化について学んでいこう。

CHAPTER 03

History of
the Heian Period

THEME

13

0
Coffee Time
Discovery

JAPANESE HISTORY

平安時代の幕開け

☕ 僧を政界から遠ざけようとした桓武天皇

　鎮護国家の思想を背景に仏教の力が大きくなると，次第に僧が政治に介入してくるようになった。そこで**桓武天皇**は僧を政界から遠ざけ，天皇の権力強化のために，784年に平城京から山背国の長岡京に遷都した。だが長岡京の造営を主導していた藤原種継が暗殺されると，794年に**平安京**に遷都した。以後，鎌倉幕府が開かれるまでの時代を**平安時代**という。

　桓武天皇は積極的に政治改革を進めた。その一つが国の財政を圧迫していた地方政治の改革である。定員オーバーとなっていた地方官の国司・郡司を廃止し，令外官（令に規定のない新しい官職）の一つである勘解由使を設け，国司交替の際に引継ぎ文書の審査をおこなわせ，きびしく監督させた。軍事では，東アジアの情勢の変化に対応して兵制を改め，少数精鋭の健児という兵を採用した。奥羽地方には，これまで城柵を築いて**蝦夷**を防衛していたが，**征夷大将軍**に**坂上田村麻呂**を任命し，802年に現在の岩手県奥州市に胆沢城を築かせ，蝦夷の指導者である阿弖流為を屈服させた。

☕ 律令に基づく政治から格式に基づく政治へ

　桓武天皇のあと，その子である平城天皇，ついで嵯峨天皇が即位した。嵯峨天皇は平城京への再遷都を求める兄の平城太上天皇と対立するが勝利した。この際，嵯峨天皇は天皇の命令をすみやかに太政官組織に伝えるために，蔵人頭（令外官の一つ）を設けて藤原冬嗣らを任命した。さらに，平安京の警察に当たる検非違使（令外官の一つ）も設けた。さらに嵯峨天皇は法整備も行った。時代の変化により大宝律令や養老律令の規定だけでは実情に適応できなくなってきたため，これまでに出された律令の補足・修正を格，律令などの施行細則を式として分類・編集し，弘仁格式というきまりを編纂した。のちに貞観格式，延喜格式も編纂された（三代格式）。

B.C. 0 A.D.　　500　　　　1000　　　　1500　　　　2000

✎ 平安京

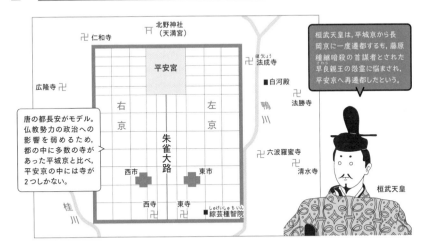

北野神社（天満宮）

卍 仁和寺

平安宮

卍 法成寺

■ 白河殿

広隆寺 卍

法勝寺

右京　左京

鴨川

朱雀大路

卍 六波羅蜜寺

清水寺

西市　東市

桂川

西寺 卍　東寺 卍　■綜芸種智院

桓武天皇は,平安京から長岡京に一度遷都するも,藤原種継暗殺の首謀者とされた早良親王の怨霊に悩まされ,平安京へ再遷都したという。

唐の都長安がモデル。仏教勢力の政治への影響を弱めるため,都の中に多数の寺があった平城京と比べ,平安京の中には寺が2つしかない。

桓武天皇

✎ 東北地方の平定MAP

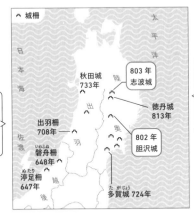

◦城柵

太平洋

日本海

秋田城 733年

803年 志波城

徳丹城 813年

出羽柵 708年

802年 胆沢城

磐舟柵 648年

淳足柵 647年

多賀城 724年

征夷大将軍…坂上田村麻呂→胆沢城（鎮守府）と志波城を築造。→蝦夷の首長阿弖流為を屈服させる。

当時の東北地方～北海道南部にかけて居住する,中央政府の支配に従わない人々を蝦夷と呼んだ。

THEME 13 **POINT**

- 桓武天皇は都を長岡京,ついで平安京へと遷都。勘解由使を設け,健児を採用。
- 征夷大将軍に任命された坂上田村麻呂は蝦夷の指導者阿弖流為を屈服させる。
- 嵯峨天皇は蔵人頭や検非違使を設け,弘仁格式を編纂した。

CHAPTER 03

History of
the Heian Period

THEME
14

0
Coffee Time
Discovery
JAPANESE HISTORY

藤原氏による摂関政治が全盛期に

🫖 藤原氏北家が勢力を拡大

桓武天皇・嵯峨天皇は自ら国政を主導したが，その間に**藤原氏**の北家（家系の一つ）が他の氏族を次々に退け，勢力を伸ばしていった。

嵯峨天皇の信任を得て藤原北家の藤原冬嗣が蔵人頭になり，天皇家と姻戚関係を結んだ。冬嗣の子の藤原良房は有力な他の氏族を退け，清和天皇を即位させ臣下ではじめて**摂政**（天皇の幼少期の政務代行役）となった。

藤原良房の地位を継いだ藤原基経は，光孝天皇の**関白**（成人した天皇の政治の補佐役）となり，次の宇多天皇の下でも再び関白に任命されるが，この関白への任命文書の文言に基経はわざと抗議し，その文書を撤回させた。この阿衡の紛議によって基経は関白の政治的地位を見せつけた。

🫖 醍醐天皇・村上天皇が自ら政治をおこなう

基経の死後，藤原氏に批判的であった宇多天皇は藤原氏を遠ざけ，学者の**菅原道真**を重用した。次に即位した醍醐天皇は藤原時平を左大臣，菅原道真を右大臣とし，摂政・関白をおかず自らが政治をおこなった（親政）。その子の村上天皇も親政をおこなったことから，この時代の政治は両天皇の治世の年号から「延喜・天暦の治」と呼ばれたたえられた。

🫖 4人の娘を天皇家に嫁がせた藤原道長・頼通

醍醐天皇の下で左大臣となった藤原時平は策謀によって菅原道真を大宰府に左遷させ政界から追放した。村上天皇の死後，醍醐天皇の子である源高明が左遷されると（安和の変），藤原北家の勢力はゆるぎないものとなり，その後はほぼ常に摂政・関白がおかれ，藤原北家の子孫がその任についた。

摂政・関白が政治の実権をにぎった**摂関政治**は，4人の娘を天皇家に嫁がせた**藤原道長**，**藤原頼通**父子の頃に最盛期を迎えた。

藤原氏の摂関政治確立までの流れ

| 藤原冬嗣 | 藤原氏北家。嵯峨天皇より蔵人頭に任命される |

> 天皇家と姻戚関係に。

↓

| 藤原良房 | 藤原冬嗣の子 |

> 臣下ではじめて摂政となる。

↓

| 藤原基経 | はじめて関白となる
➡ 阿衡の紛議（888年） |

> 宇多天皇が前年に出した
勅書を撤回させる。

↓

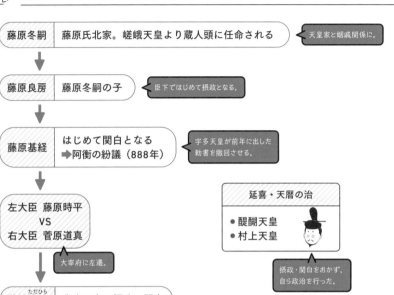

左大臣 藤原時平
VS
右大臣 菅原道真

> 大宰府に左遷。

延喜・天暦の治

● 醍醐天皇
● 村上天皇

> 摂政・関白をおかず、
自ら政治を行った。

↓

| 藤原忠平
（ただひら） | 朱雀天皇の摂政・関白 |

↓

| 安和の変（969年） | 藤原氏による他氏排斥事件
➡ 以後，ほぼ常に摂政と関白がおかれる |

> 摂関家内での勢力争い。

↓

| 藤原道長 | 4人の娘を皇后や皇太子妃とする。
約30年間，権力を握る |
| 藤原頼通 | 道長の子。約50年間，摂政・関白を
つとめる |

> 父子で摂関
政治の
最盛期。

 THEME 14　POINT

● 藤原良房は臣下初の摂政になった。藤原基経は関白の政治的地位を見せつける。

● 醍醐天皇・村上天皇は親政をおこない，「延喜・天暦の治」と呼ばれる。

● 摂関政治は藤原道長・藤原頼通父子の頃に全盛を迎える。

CHAPTER 03

History of
the Heian Period

THEME

15

Coffee Time
Discovery

JAPANESE HISTORY

日本人の感情や嗜好にあった
国風文化

☕ かな文字の発達で感情表現が豊かに

　10～11世紀になると，唐の文化をふまえつつ，日本人の感情や嗜好，日本の風土にあった**国風文化**が栄えた。文化の国風化をもたらした大きな要因は**かな文字**の発達である。かな文字には万葉仮名の草書体を簡略化した平がな，漢字の一部分をとった片かながあり，これらが広く使用されるようになったことで，日本人の感情を日本語でいきいきと伝えられるようになり国文学が発達した。紀貫之らにより編纂された『**古今和歌集**』，紫式部の長編小説『**源氏物語**』，清少納言の随筆『**枕草子**』などが有名である。

　仏教では，阿弥陀仏を信仰して来世で極楽浄土に往生することを願う**浄土教**が流行した。10世紀半ばに人々が多く集まる京都の市で浄土教を説いた空也や，念仏往生の教えを説いた『往生要集』を著した源信（恵心僧都）らによって，浄土教は庶民にまで広まった。そして，浄土教は，釈迦の死後に正法・像法ののちに末法が到来するという終末思想の**末法思想**によりさらに強められた。

　浄土教の影響により，藤原頼通が建立した**平等院鳳凰堂**などの阿弥陀如来像を安置する阿弥陀堂が各地に建てられた。

☕ 貴族は寝殿造で暮らし，束帯や十二単が正装

　神仏習合も進み，日本の神は仏の姿を借りてこの世に出現したとする**本地垂迹説**が生まれた。怨霊などをまつり災厄から逃れる御霊信仰により，北野天満宮や祇園社（八坂神社）で御霊会が催された。陰陽道も盛んで，物忌と称してひきこもったり，方違により凶の方角を避けて行動したりした。

　貴族の住宅は開放的で日本風の**寝殿造**で，障子（衝立）などに日本の風物を題材とする**大和絵**が描かれた。貴族の正装は，男性は束帯や略式の衣冠，女性は女房装束（十二単）であった。

🖊 国風文化

文学	和歌	古今和歌集…最初の勅撰和歌集。紀貫之らにより編纂
	随筆	枕草子…皇后定子に仕えた清少納言による宮廷生活の随筆集
	物語	源氏物語…紫式部による，光源氏を主人公とする長編小説
建築	寺院	平等院鳳凰堂…藤原頼通が建立。阿弥陀堂の代表的遺構
絵画	大和絵	日本の風物を題材に，障子などに描かれた。巨勢金岡が有名

かな文字が発達したことで，日本語の発音どおりに文字にでき，細やかな感情表現ができるようになった。女性による文学作品も生まれた。

🖊 平安貴族の住居

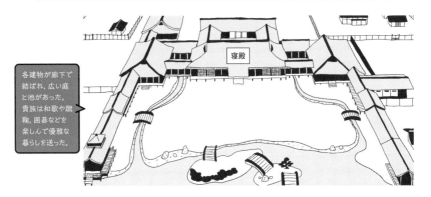

寝殿

各建物が廊下で結ばれ，広い庭と池があった。貴族は和歌や蹴鞠，囲碁などを楽しんで優雅な暮らしを送った。

THEME 15 **POINT**

- 国風文化が栄え，かな文字が発達した。『源氏物語』や『枕草子』などの作品。
- 浄土教が末法思想によりさらに強められた。平等院鳳凰堂などが建立された。
- 貴族の住宅は寝殿造で，障子などには大和絵が描かれた。

CHAPTER 03

History of
the Heian Period

THEME

16

*Coffee Time
Discovery*

JAPANESE HISTORY

荘園と公領からなる荘園公領制

律令体制が崩れ，受領が負名から徴税するしくみへ

　10世紀初め，違法な土地所有を禁じた延喜の荘園整理令を出すなどしたが，税逃れのために男女を偽った偽籍などで戸籍・計帳の制度はすでに崩壊し，租調庸の徴税ができなくなっていた。これに対し政府は国司の最上席者の地位で，のちの受領と呼ばれた者に大きな権限を与えた。

　田地は名と呼ばれる課税単位に編成され，耕作の請負人は負名と呼ばれた。受領は有力農民である田堵に，負名として耕作を任せ，租・調・庸相当の税である官物と，雑徭相当の臨時雑役を課した。こうして成人男性を中心に徴税する律令体制の原則は崩れ，土地を基礎に受領が負名から徴税する新しいしくみがつくられていった。

　11世紀後半には受領も任国におもむかず，代役の目代を派遣させ，その国の有力者（在庁官人ら）を指揮して政治にあたらせた。

寄進地系荘園が増加し，公領を圧迫

　11世紀，大名田堵（大規模経営をおこなう田堵）に，一定の領域を開発する開発領主が現れた。その中には国司の干渉を防ぐために中央の権力者に所領と開発予定地を寄進し，自身は荘園の荘官（預所や下司など）になる者もいた。寄進を受けた荘園領主は領家と呼ばれ，この荘園がさらに上級権力者に寄進された場合，その上級領主は本家と呼ばれた。この荘園が寄進地系荘園である。11世紀後半以降，上皇らにより認められた広大な荘園は領域型荘園という。また，不輸（官物や臨時雑役の免除）を承認される荘園や，耕作状況の調査の立入りをさせない不入の特権を得る荘園も増えた。

　その後，荘園の増加が公領（国衙領）を圧迫しているとして，1069年に延久の荘園整理令を出し，記録荘園券契所を設け，基準外の荘園を停止した。これにより，土地が荘園と公領で明確になり，荘園公領制が成立した。

B.C. 0 A.D.   500   1000   1500   2000

🖊 荘園公領制の成立までの流れ

律令制のいきづまり（10世紀初頭）
浮浪・逃亡・偽籍が横行し，財政難に。

▼

負名体制（10世紀〜）

戸籍を基礎にして成人男性を中心に課税する律令体制から，名という土地を基礎に徴税するしくみに。

任国に赴任する最上位の国司。大きな権限を与えられた。 → 受領

有力農民。耕作・納税を請け負う。 → 田堵（負名）

耕作

名

▼

荘園公領制（11世紀〜）

荘園整理によって，公領（国衙領）と荘園が明確になり，並立する体制に。

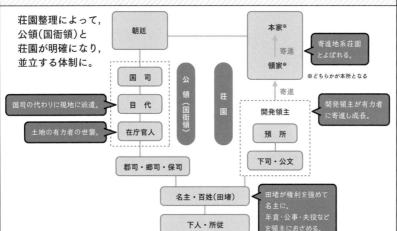

朝廷

本家※

寄進

領家※

寄進地系荘園とよばれる。

※どちらかが本所となる

国司

目代　国司の代わりに現地に派遣。

在庁官人　土地の有力者の世襲。

公領（国衙領）

荘園

寄進

開発領主　開発領主が有力者に寄進し成長。

預所

下司・公文

郡司・郷司・保司

名主・百姓（田堵）

下人・所従

田堵が権利を強めて名主に。年貢・公事・夫役などを領主におさめる。

THEME 16 **POINT**

- 受領は田堵に負名として耕作を任せ，官物と臨時雑役を課した。
- 寄進地系荘園が生まれ，不輸や不入の特権を得る荘園も増えた。
- 延久の荘園整理令を出し，記録荘園券契所を設けた。荘園公領制が成立。

| CHECK |
確 認 問 題
平 安 時 代

History of the Heian Period

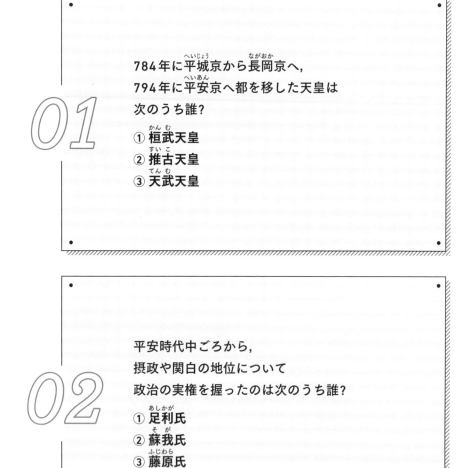

01

784年に平城京から長岡京へ,
794年に平安京へ都を移した天皇は
次のうち誰?

① 桓武天皇

② 推古天皇

③ 天武天皇

02

平安時代中ごろから,
摂政や関白の地位について
政治の実権を握ったのは次のうち誰?

① 足利氏

② 蘇我氏

③ 藤原氏

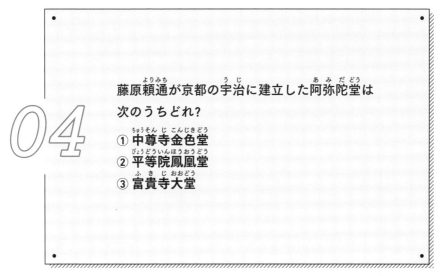

03

紫_{むらさきしき}式部_ぶが著した長編小説は
次のうちどれ？
① 『枕_{まくらのそう}草子_し』
② 『土佐日記』
③ 『源氏物語』

04

藤原頼通_{よりみち}が京都の宇治_{うじ}に建立した阿弥陀堂_{あみだどう}は
次のうちどれ？
① 中尊寺金色堂_{ちゅうそんじこんじきどう}
② 平等院鳳凰堂_{びょうどういんほうおうどう}
③ 富貴寺大堂_{ふきじおおどう}

答え ▷ P.188

04

History from the Insei to the Kamakura Period

院政～鎌倉時代

| 7000000 | 10000 | B.C. 0 A.D. | 500 | 1000 | 1500 | 2000 |

武士(兵)が登場したのは平安時代の中ごろ。
やがて武士団が形成され, 勢力を強めたのが源氏と平氏だった。
平氏は政権をとったものの, その専制政治に不満が高まり,
源　頼朝らが兵を挙げ, 平氏は源氏によって滅ぼされた。
源頼朝が開いた鎌倉幕府では,
将軍と御家人が御恩と奉公の関係で結ばれ,
朝廷勢力の反乱や元軍の襲来に立ち向かった。
この章では, 白河上皇が始めた院政や平 清盛の政治,
鎌倉幕府のしくみや鎌倉文化について見ていこう。

CHAPTER 04

History from
the Insei to
the Kamakura Period

THEME
17

Coffee Time
Discovery
JAPANESE HISTORY

武士の台頭と院政の始まり

源氏は東日本に，平氏は西日本に勢力を広げる

9世紀末から，土着した国司の子孫や地方の豪族などが勢力拡大を図って武装し，争いが起こるようになった。その鎮圧のために中央から派遣された押領使・追捕使（令外官の一つ）に任じられた中・下級貴族の一部が現地に残り**武士（兵）**となる者が現れた。彼らは家子などの一族や郎等（郎党・郎従）などの従者を率いて戦い，やがて**武士団**を形成するようになった。

10世紀前半，**桓武平氏**（桓武天皇の子孫で平の姓を与えられた氏族）である**平将門**が東国で，**藤原純友**が瀬戸内海の周辺で反乱を起こすと，朝廷の軍事力の弱体化が浮き彫りになった。武士の実力を知った朝廷や貴族は彼らを侍とし，宮中警備や貴族の警護などに当たらせた。

11世紀になると，天皇の血筋を引く武士団が成長し，**清和源氏**（清和天皇の子孫で源の姓を与えられた氏族）や桓武平氏は地方武士団を組織した軍事貴族の武家を形成した。11世紀後半に**前九年合戦・後三年合戦**が起こり，この戦乱を鎮圧した 源 義家は平氏にかわり東日本に勢力を広げた。また，奥羽地方では，平泉を根拠地に藤原（清原）清衡の子孫である**奥州藤原氏**が勢力をもった。一方平氏は，12世紀前半に西日本に勢力を広げていった。

白河上皇が院政を始め，藤原氏を抑える

後三条天皇の後，その子の**白河天皇**も親政をおこなったが，1086年に白河天皇は幼少の堀河天皇に譲位した後も，自身が上皇（院）として天皇を後見し政治の実権を握る**院政**を始めた。院政は白河上皇・鳥羽上皇・後白河上皇と続き，藤原氏の勢力を抑えた。

鳥羽上皇の時代には，院の周辺などに荘園の寄進が集中し，上皇は多くの荘園を近親の女性に与えたり，寺院に寄進したりした。大寺院では下級僧侶らが武装して僧兵となり勢力を広げた。

平安時代

| B.C. 0 A.D. | 500 | 1000 | 1500 | 2000 |

武士団

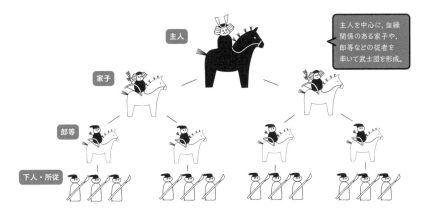

主人を中心に，血縁関係のある家子や，郎等などの従者を率いて武士団を形成。

主人

家子

郎等

下人・所従

院政期の流れ

天皇	院政	年	おもな出来事
堀河	白河	1086	白河上皇による院政がはじまる
鳥羽			院の軍事力として北面の武士を組織。
崇徳			
近衛	鳥羽		
後白河		1156	天皇と上皇の争いから保元の乱がおこる
二条	後白河	1159	院近臣間の対立から平治の乱がおこる
六条		1167	平清盛が太政大臣となる

[THEME 17 **POINT**]

◉ 武士が現れ，一族や郎等などの従者を率いて武士団を形成するようになった。

◉ 朝廷や貴族は，平将門や藤原純友の反乱の鎮圧で武士の実力を知り彼らを侍に。

◉ 白河天皇は譲位した後も上皇（院）として政治の実権を握る院政を始めた。

CHAPTER 04

History from
the Insei to
the Kamakura Period

THEME

18

Coffee Time
Discovery

JAPANESE HISTORY

平氏の政治は藤原氏に類似!?

平清盛は平治の乱に勝利し，武士初の太政大臣に

桓武平氏のうち伊勢などに土着した伊勢平氏が勢力を増した。1156年の**保元の乱**では，後白河天皇と崇徳上皇の争いと，摂関家（天皇方：藤原忠通，上皇方：藤原頼長）の争いが結びつき，源氏（天皇方：**源義朝**，上皇方：源為義）と平氏（天皇方：**平清盛**，上皇方：平忠正）も分かれて戦い，天皇方が勝利した。1159年の**平治の乱**では，平清盛と結んだ藤原通憲（信西）と，源義朝と結んだ藤原信頼が戦い，平清盛は源義朝らを滅ぼし，源義朝の子の源頼朝を伊豆に流した。

平治の乱後に勢力を大きくのばした平清盛は，後白河上皇を支えるなど奉仕したことで武士として初めて太政大臣となった。平氏の経済力の基盤となった主なものは，日本全国の約半分の知行国（一国を支配し，収益取得が認められた国）や500余りの荘園，摂津の大輪田泊を修築するなどして推進した南宋との**日宋貿易**の利益であった。平清盛は娘の徳子を高倉天皇の中宮に入れ，その息子を天皇（安徳天皇）として即位させ外戚として権力をふるうなど，藤原氏による摂関政治と類似していた。

急成長した武士や庶民の影響がみられる院政期の文化

院政期の文化は，貴族中心であった国風文化と比べ，武士や庶民らの影響があった。後白河上皇は民間の流行歌の今様を集めた『梁塵秘抄』を編纂した。また，『今昔物語集』のようなインド・中国・日本の説話集，平将門の乱を描いた『将門記』などの軍記物語が成立した。絵巻物では，『**源氏物語絵巻**』，動物を擬人化した『鳥獣人物戯画』などがある。

建築では，奥州藤原氏による平泉の**中尊寺金色堂**，陸奥の白水阿弥陀堂，九州豊後の富貴寺大堂などの阿弥陀堂が浄土思想の全国への広がりを物語っている。

🖊 保元の乱と平治の乱

保元の乱	勝利	VS	敗北
天皇家	後白河天皇	←弟と兄→	崇徳上皇→配流
摂関家	藤原忠通（関白）	←兄と弟→	藤原頼長（左大臣）→死亡
平氏	平清盛	←甥と叔父→	平忠正→斬首
源氏	源義朝	←子と父→	源為義→斬首

平治の乱	勝利	VS	敗北
院近臣（藤原氏）	藤原通憲（信西）➡ 自害		藤原信頼 ➡ 斬首
おもな武士	**平氏** 平清盛，平重盛		**源氏** 源義朝 ➡ 家臣に謀殺 源頼朝 ➡ 伊豆へ配流

🖊 院政期の文化

文学	説話集	今昔物語集…日本・中国・インドの説話集
	歴史物語	大鏡…老人が当時のことを回想する形式の歴史物語
	軍記物語	将門記…平将門の乱を描く
	歌謡集	梁塵秘抄…後白河上皇が流行歌謡の今様を集成
絵画	絵巻物	源氏物語絵巻…源氏物語を絵巻物にして表現
		伴大納言絵巻…応天門の変を描写
		信貴山縁起絵巻…聖の生き方などを描写
		鳥獣人物戯画…動物を擬人化して世相を風刺
建築	寺院	中尊寺金色堂…奥州藤原氏により平泉に建てられた阿弥陀堂

THEME 18 **POINT**

- 平清盛は保元の乱・平治の乱で勝利し，武士初の太政大臣となって権力を握る。
- 平氏の経済力の基盤は知行国や多くの荘園，日宋貿易の利益だった。
- 絵巻物が発展し，『源氏物語絵巻』や『鳥獣人物戯画』などが描かれた。

CHAPTER 04

History from
the Insei to
the Kamakura Period

THEME

19

Coffee Time
Discovery

JAPANESE HISTORY

源頼朝による鎌倉幕府の誕生

平氏が滅亡し，源頼朝が鎌倉幕府を開く

　平氏の専制政治に対して不満が出はじめると，後白河法皇の皇子以仁王は1180年に平氏打倒を呼びかける命令を発して，畿内に勢力をもつ源頼政と挙兵した。次いで源頼朝や木曽の源義仲なども挙兵した（治承・寿永の乱の始まり）。こうした動きに対して平氏は，畿内を中心に支配を固めた。

　しかし，平清盛の死や西日本を襲った飢饉などにより，平氏は都落ちして源義仲が入京した。鎌倉を拠点とした源頼朝は，弟の源範頼・源義経を派遣して源義仲を滅ぼし，一の谷の戦い，屋島の戦いを経て，1185年の壇の浦の戦いで平氏を滅亡させた。

　平氏滅亡後，後白河法皇が源義経に源頼朝の追討を命じると，源頼朝は軍勢で法皇にせまり，諸国に守護を，荘園や公領に地頭を任命する権利，戦時中の兵士の食料米を徴収する権利などを獲得した。これで西国にも頼朝の支配権がおよび，武家政権の鎌倉幕府が確立した。その後，源頼朝は源義経をかくまったとして奥州藤原氏を滅ぼし，1190年に上洛，1192年には征夷大将軍に任じられた。この幕府成立から滅亡までを鎌倉時代と呼ぶ。

御恩と奉公の関係で結ばれた将軍と御家人

　鎌倉幕府には中央機関として，御家人を組織・統制する侍所，一般政務や財政を担当する政所（当初は公文所），訴訟や裁判を担当する問注所がおかれた。地方では国ごとに軍事や警察を任務とする守護が，荘園や公領ごとに年貢の徴収や治安維持などを任務とする地頭がおかれた。

　幕府による支配基盤には将軍と御家人の主従関係があった。源頼朝が御家人に対し，主に地頭に任命して所領支配を保障する本領安堵や新たな所領を与える新恩給与といった御恩に対し，御家人は戦時に軍役を果たし，平時には皇居や幕府御所を警備する奉公をおこなった（封建制度）。

B.C. **0** A.D.　　　500　　　1000　　　1500　　　2000

源平の争乱（治承・寿永の乱）

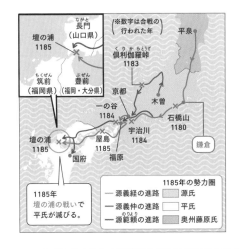

※数字は合戦の行われた年

長門（山口県）
壇の浦 1185
平泉
倶利伽羅峠 1183
筑前（福岡県）
豊前（福岡・大分県）
京都
木曽
一の谷 1184
石橋山 1180
壇の浦 1185
屋島 1185
宇治川 1184
鎌倉
国府
福原

1185年 壇の浦の戦いで平氏が滅びる。

1185年の勢力圏
── 源義経の進路　　源氏
── 源義仲の進路　　平氏
── 源範頼の進路　　奥州藤原氏

将軍と御家人の関係

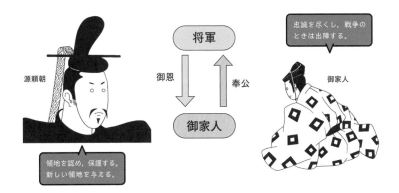

源頼朝

将軍

御恩　　奉公

御家人

忠誠を尽くし、戦争のときは出陣する。

御家人

領地を認め、保護する。新しい領地を与える。

THEME 19 **POINT**

◎ 挙兵した源頼朝は、弟の源義経らを派遣して壇の浦の戦いで平氏を滅ぼす。

◎ 源頼朝は守護・地頭を任命する権利などを獲得し、武家政権の鎌倉幕府が成立。

◎ 将軍と御家人は、御恩（本領安堵や新恩給与）と奉公の関係で結ばれる。

CHAPTER 04

History from
the Insei to
the Kamakura Period

THEME

20

♂
Coffee Time
Discovery

JAPANESE HISTORY

執権として実権を握った北条氏

🍵 承久の乱に勝利した幕府は支配を拡大

　源頼朝の死後は有力御家人らの合議制による政治がおこなわれるようになった。北条政子（頼朝の妻）の父である**北条時政**は，2代将軍源頼家を引退させ，3代将軍源実朝を擁立し実権を握った。政所の長官の北条時政の地位は**執権**と呼ばれ，時政の子の**北条義時**はそれを継承し，政所と侍所の長官を兼任した。これにより，北条氏の執権の地位は不動のものとなった。1219年に源実朝が源頼家の遺児公暁に暗殺される事件が起こり，源氏の将軍が3代で途絶えると，政治の実権は北条氏が握るようになった。

　一方，実朝の暗殺を機に朝廷勢力の復興を図ったのが**後鳥羽上皇**である。上皇は1221年に北条義時追討の兵をあげたが，北条政子の呼びかけに結集した幕府の大軍に敗れた（**承久の乱**）。承久の乱に勝利した幕府は朝廷を監視するため京都に六波羅探題をおき，没収した領地に新補地頭を任命し，西日本にも支配を広げた。以後，幕府は朝廷より政治的に優位に立つようになる。

🍵 北条泰時・時頼が執権政治の隆盛をもたらす

　政子が亡くなると3代執権**北条泰時**は，執権を補佐する連署を設け，重要政務などを合議する評定衆を選定し，執権・連署・評定衆の合議政治をおこなった。1232年には，最初の武家法である**御成敗式目（貞永式目）**を制定した。5代執権**北条時頼**は，裁判の公正迅速化のため御家人の訴訟を専門に担当する引付を設置して引付衆を任命した。

　この時代の武士の一族は血縁的統制のもと，宗家（本家）のリーダーである**惣領**がほかの庶子（リーダー以外の一族の者）を統制する**惣領制**をとり，相続は女性も含めた分割相続を原則とした。また，武士の土地支配の拡大に対し，荘園領主は荘園管理を地頭に任せる地頭請所の契約を結んだり，土地を折半して相互の土地に干渉させない**下地中分**をしたりした。

✏ 執権政治確立の流れ

執権	年	おもな出来事
初代 北条時政	1203	時政が初代執権となる
2代 北条義時	1221	承久の乱…北条政子の呼びかけなども あり，幕府方勝利 ➡京都守護にかわり六波羅探題設置
3代 北条泰時	1225	連署設置 評定衆設置
	1232	御成敗式目制定
5代 北条時頼	1249	引付衆設置

亡き源頼朝の妻である
北条政子が御家人に
呼びかけ，幕府が後鳥
羽上皇側に勝利した。

北条政子

📖 鎌倉幕府の組織図

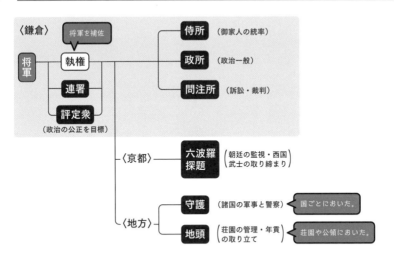

〈鎌倉〉

将軍を補佐

将軍 ─ 執権 ─ 連署 ─ 評定衆
（政治の公正を目標）

侍所 （御家人の統率）
政所 （政治一般）
問注所 （訴訟・裁判）

〈京都〉 六波羅探題 （朝廷の監視・西国
武士の取り締まり）

〈地方〉 守護 （諸国の軍事と警察） ┤国ごとにおいた。
地頭 （荘園の管理・年貢
の取り立て） ┤荘園や公領においた。

THEME 20 POINT

⬤ 北条氏は執権の地位を不動のものにし，政治の実権を握るようになった。

⬤ 承久の乱で幕府は後鳥羽上皇の兵を破り，その後京都に六波羅探題をおいた。

⬤ 3代執権北条泰時は連署を設けて評定衆を選定。御成敗式目も制定した。

CHAPTER 04

History from
the Insei to
the Kamakura Period

THEME

21

0
Coffee Time
Discovery

JAPANESE HISTORY

元軍の襲来に応戦する日本

二度にわたる元の襲来をなんとかしのぐ

13世紀初めにモンゴル族を統一した**チンギス=ハン**が大帝国を築き，孫の**フビライ=ハン**は国号を**元**，都を大都とした。高麗は元に服属したが，8代執権**北条時宗**は元の朝貢要求を拒否したため，元軍は1274年に九州北部に襲来し，幕府は九州の御家人を動員して応戦した。幕府軍は元軍の集団戦法や火器に苦戦したが，元軍側も損害が大きく撤退した。これを**文永の役**という。

元軍の再来に備え，幕府は九州の要地を警備する異国警固番役を強化し，博多湾沿いに**石塁（防塁，石築地）**を構築した。南宋を滅ぼした元軍は，1281年に約14万の大軍で再び九州北部に襲来した。しかし元軍は博多湾岸へ容易に上陸できず，暴風雨にあい撤退した。これを**弘安の役**といい，この2度にわたる元の襲来を**モンゴル襲来（蒙古襲来，元寇）**という。

御内人や北条氏一門による得宗専制政治

その後も元は日本征服を企んでいたため，幕府は全国の荘園・公領の武士を動員できるようにし，九州に鎮西探題を設けて九州地方を管轄した。一方で，北条氏嫡流当主である得宗の地位が強大となり，その家臣の御内人と御家人の対立が激化した。やがて得宗や御内人が実権を握り，全国の守護や地頭の多くは北条一門のものとなるなど，得宗専制政治がおこなわれた。

御家人を救おうとした徳政令も効果は一時的

幕府はモンゴル襲来で元軍を撃退したが，いわゆる防衛戦であったことから新しい土地を獲得できず，御家人に十分な恩賞を与えられなかった。所領も分割相続の繰り返しで徐々に小さくなり，御家人の生活は困窮した。そこで幕府は1297年に**永仁の徳政令**を発布し，売却した領地を無償で取り戻させるなどし，困窮する御家人を救おうとしたが，効果は一時的だった。

🌐 モンゴル襲来の頃の東アジア

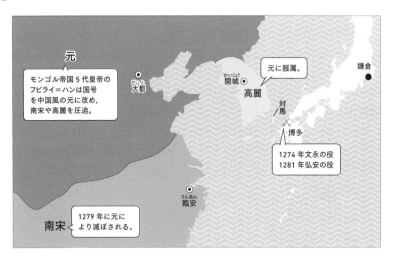

元

モンゴル帝国5代皇帝の
フビライ＝ハンは国号
を中国風の元に改め，
南宋や高麗を圧迫。

だいと
大都

かいじょう
開城 ● 高麗

元に服属。

鎌倉 ●

対
馬

博多 ×

1274年文永の役
1281年弘安の役

りんあん
臨安 ●

南宋

1279年に元に
より滅ぼされる。

✏️ 元軍に苦戦する御家人

当時の日本では
一騎打ちで戦う
ことが中心だった
ため，元軍の集団
戦法に苦戦した。

THEME 21 **POINT**

- 元軍が文永の役・弘安の役と2度にわたり九州北部に襲来（モンゴル襲来）。
- 北条氏嫡流当主の得宗や御内人による得宗専制政治がおこなわれるようになる。
- 幕府は困窮する御家人を救うために永仁の徳政令を出したが効果は一時的。

CHAPTER 04

History from
the Insei to
the Kamakura Period

THEME

22

Coffee Time
Discovery

JAPANESE HISTORY

人びとの心のよりどころとなった
新仏教

☕ 鎌倉仏教は浄土宗系・日蓮宗系・禅宗系の3つ

　鎌倉時代の仏教は，これまでの学問的で難しいものではなく，わかりやすく実践しやすいものが武士や民衆の間に急速に広まった。鎌倉仏教は浄土宗系・日蓮宗系・禅宗系の大きく3つに分類でき，それぞれ異なる特色がある。

　まず，浄土宗系では，源平の争乱の頃に**法然**が，人間は阿弥陀仏を信じてひたすら「南無阿弥陀仏」の念仏をとなえれば，極楽浄土へ平等に往生できるという教え（専修念仏）を説き，**浄土宗**を開いた。法然の弟子の**親鸞**は，煩悩の深い人間（悪人）こそが阿弥陀仏の救いの対象であるとする悪人正機を説き，**浄土真宗（一向宗）**を開いた。遅れて出てきた**時宗の一遍**はただ念仏をとなえれば良いとし，踊念仏によって，各地を遊行して布教した。

　日蓮宗系では，**日蓮**が「南無妙法蓮華経」の題目をとなえることでのみ救われると説き，**日蓮宗（法華宗）**を開くが，国難の到来を予言し，幕府に布教を迫ったことから幕府に迫害された。

　浄土宗系が「阿弥陀仏にすがる」といういわば他力であったのに対し，禅宗系は坐禅を通して自ら悟りを開くという教えであることが大きな特色といえ，**栄西**が**臨済宗**を，**道元**が**曹洞宗**をそれぞれ広めた。

☕ 写実的で力強い鎌倉文化が栄える

　文学の大きな特色は，戦乱の世を背景に実際の合戦を題材として武士の活躍を描いた軍記物語が著されたことが挙げられる。平氏の興亡が主題である『**平家物語**』はその最高傑作といわれ，**琵琶法師**が平曲として語り伝えた。随筆では，**鴨長明**の『**方丈記**』，**兼好法師**の『**徒然草**』などが，和歌では，後鳥羽上皇の命で編纂された『**新古今和歌集**』などが生まれた。

　彫刻では，運慶や快慶らの**東大寺南大門金剛力士像**が有名で，絵巻物では，モンゴル襲来時の様子を描いた『**蒙古襲来絵詞（絵巻）**』がある。

B.C. 0 A.D.　　　500　　　1000　　　1500　　　2000

鎌倉時代に生まれた新仏教

宗派	開祖	おもな内容
浄土宗	法然	● 念仏（「南無阿弥陀仏」）を唱えれば極楽浄土にうまれ変われる
浄土真宗（一向宗）	親鸞	● 阿弥陀仏を信じ，自分の罪を自覚した悪人こそが救われる
時宗	一遍	● 信・不信関係なく念仏をとなえれば救われる ● 踊念仏や念仏札で布教
日蓮宗（法華宗）	日蓮	● 題目（「南無妙法蓮華経」）をとなえれば，人も国も救われる
臨済宗	栄西	● 坐禅により自ら悟りを開く。公案を重視。 ● 幕府の保護を受ける
曹洞宗	道元	● ただひたすら坐禅に打ち込むことで，自ら悟りを開く

鎌倉文化

文学	和歌	『新古今和歌集』…後鳥羽上皇の命で，藤原定家らにより編纂
	随筆	『方丈記』…鴨長明による
		『徒然草』…兼好法師による
	軍記物語	『平家物語』…平氏の興亡
絵画	絵巻物	『蒙古襲来絵詞（絵巻）』…御家人竹崎季長がモンゴル襲来での自身の活躍を描かせる
彫刻		東大寺南大門金剛力士像…運慶・快慶らによる合作

> 琵琶法師により語られる。

THEME 22 **POINT**

- 「南無阿弥陀仏」の念仏をとなえて阿弥陀仏にすがる浄土宗や浄土真宗。
- 「南無妙法蓮華経」の題目をとなえる日蓮宗，坐禅を組み自ら悟りを開く禅宗。
- 琵琶法師が語り伝えた『平家物語』。運慶らによる東大寺南大門金剛力士像。

| C H E C K |
確 認 問 題
◆ 院 政 ～ 鎌 倉 時 代 ◆
History from the Insei to the Kamakura Period

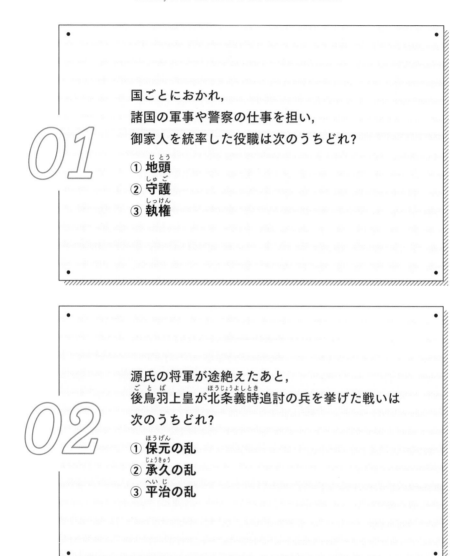

01

国ごとにおかれ,
諸国の軍事や警察の仕事を担い,
御家人を統率した役職は次のうちどれ?
① 地頭
　じ　とう
② 守護
　しゅ　ご
③ 執権
　しっけん

02

源氏の将軍が途絶えたあと,
後鳥羽上皇が北条義時追討の兵を挙げた戦いは
　ご　と　ば　　　　　　　　ほうじょうよしとき
次のうちどれ?
① 保元の乱
　ほうげん
② 承久の乱
　じょうきゅう
③ 平治の乱
　へい　じ

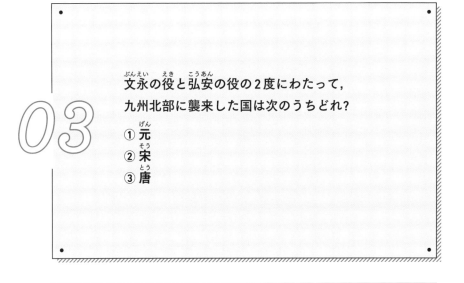

03

文永の役と弘安の役の2度にわたって，
九州北部に襲来した国は次のうちどれ？
① 元
② 宋
③ 唐

04

煩悩の深い人間（悪人）こそが
阿弥陀仏の救いの対象であるとする
悪人正機を説き，
浄土真宗（一向宗）を開いた僧は次のうち誰？
① 一遍
② 法然
③ 親鸞

答え ▷ P.188

Coffee Time
Discovery

∑ JAPANESE HISTORY ∑

05

History from the Kenmu Regime to the Muromachi Period

建武政権～室町時代

7000000	10000	B.C. 0 A.D.	500	1000	1500	2000

鎌倉幕府をたおした後醍醐天皇が始めた天皇中心の新しい政治は
武士の反感を買い, 2年ほどで失敗に終わる。
新たな天皇を立てた足利尊氏が幕府を開き, 室町時代が始まった。
室町時代には貴族の文化と武士の文化が混じり合い,
現在まで続く能が大成され, 能の合間には狂言が演じられた。
将軍のあと継ぎ争いなどから応仁の乱が起こると
戦国時代が幕を開け, 下剋上の風潮が広がった。
この章では, 後醍醐天皇による建武の新政から
室町幕府のしくみや文化, 戦国大名の台頭について学んでいこう。

CHAPTER 05

History from
the Kenmu Regime
to the Muromachi Period

THEME

23

Coffee Time
Discovery

JAPANESE HISTORY

武士の政治を否定した建武の新政

☕ 足利高氏や新田義貞が挙兵して鎌倉幕府は滅亡

院政をおこなった後嵯峨法皇が亡くなると，天皇家は後深草上皇の系統である持明院統と，亀山天皇の系統である大覚寺統に分かれて皇位の継承などをめぐって争った。幕府は両統が交代で天皇となること（両統迭立）を提示し，1318年に大覚寺統の**後醍醐天皇**が即位した。

一方幕府では，得宗専制政治のもと，得宗の執権北条高時の下で内管領長崎高資が権勢をふるい，御家人の反発が強まっていた。幕府に対する不満から後醍醐天皇は討幕計画を進めたが1324年に計画がもれて失敗した。また，1331年にも寺院勢力の結集をはかって挙兵を企てたが失敗し，後醍醐天皇は翌年隠岐に配流された。

しかし，河内に**楠木正成**，後醍醐天皇の皇子である護良親王が挙兵して，反幕府の悪党などが幕府と交戦するようになり，1333年に後醍醐天皇が隠岐を脱出して勢力を増すと，有力御家人の足利高氏（のち尊氏）が幕府から離反して六波羅探題を攻め落とした。関東でも新田義貞が挙兵して鎌倉を攻め，北条高時ら北条氏一門を滅ぼし，ここに鎌倉幕府は滅亡した。

☕ 後醍醐天皇の建武の新政は武士の反感を買う

京都に戻った**後醍醐天皇**は親政を開始。この政治を**建武の新政**と呼ぶ。天皇はすべての土地の所有権の確認に天皇の綸旨（天皇の意向に基き側近が作った文書）を必要とする法令を打ち出した。また，政治組織として，中央には重要政務を扱う中心機関の記録所，鎌倉幕府の引付を受け継いだ雑訴決断所，京都の治安を維持する武者所，武士の論功行賞をおこなう恩賞方の機関を設置し，地方には国司・守護を併置，東北に陸奥将軍府，関東に鎌倉将軍府を設置した。これまでの武家社会の慣習を無視した天皇中心の政策に武士は不満をもち，抵抗するようになった。

建武の新政

後醍醐天皇が理想としたのは, 醍醐天皇や村上天皇がおこなった親政だった。

足利高氏は, 後醍醐天皇の名の「尊治」から一字をもらって「足利尊氏」に改名した。

後醍醐天皇

建武の新政の組織図

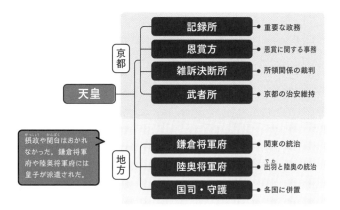

天皇

京都
- 記録所 ── 重要な政務
- 恩賞方 ── 恩賞に関する事務
- 雑訴決断所 ── 所領関係の裁判
- 武者所 ── 京都の治安維持

摂政や関白はおかれなかった。鎌倉将軍府や陸奥将軍府には皇子が派遣された。

地方
- 鎌倉将軍府 ── 関東の統治
- 陸奥将軍府 ── 出羽と陸奥の統治
- 国司・守護 ── 各国に併置

THEME 23 **POINT**

🖉 幕府への御家人の反発が強まる中, 後醍醐天皇を中心に倒幕の動きがおこる。

🖉 足利高氏が六波羅探題を攻め落とし, 新田義貞が鎌倉を攻めて鎌倉幕府は滅亡。

🖉 後醍醐天皇は建武の新政で天皇中心の政策を進めるが, 武士は抵抗しはじめた。

CHAPTER 05

History from
the Kenmu Regime
to the Muromachi Period

THEME

24

Coffee Time
Discovery

JAPANESE HISTORY

「花の御所」で政治を
おこなった足利義満

吉野の南朝と京都の北朝が対立

　天皇中心の政策と急ピッチで組織した政治の仕組みは，政務の遅延や社会の混乱を引き起こした。幕府の再建をもくろんでいた**足利尊氏**は1336年に持明院統の光明天皇を擁立し，建武式目により政治の方針を示した。京都を追われた大覚寺統の**後醍醐天皇**は吉野に逃れ，南朝（吉野）と北朝（京都）の2つの朝廷が対立する南北朝の動乱が始まった。

　北朝側では1338年に足利尊氏が征夷大将軍となって**室町幕府**を開いた。守護の職は権限が大幅に強化され，半済令では近江・美濃・尾張（のち全国）で荘園・公領の年貢の半分の徴発を認められた。また，荘園・公領の年貢徴収を守護に一任する守護請もなされた。守護はもともと幕府から任命されるものだが，こうした権限の強化により一国全体を支配する者が現れ，やがて任国を世襲するようになっていった。そのため室町時代の守護を**守護大名**と呼び，権限の限られていた鎌倉時代の守護と区別することもある。

足利義満が南北朝を統一！

　南北朝の動乱は北朝が南朝を吸収する形で終結した。南北朝の合体を実現させた3代将軍足利義満は，京都の室町に花の御所と呼ばれる邸宅をつくり，室町幕府の最盛期を築いた。

　室町幕府には将軍を補佐する**管領**という職があり，細川・斯波・畠山氏の三管領が交代で任命された。侍所の長官は赤松・一色・山名・京極氏の四職から任命された。有力地方武士らを集結させた直轄軍の奉公衆も編成され，直轄領を管理した。京都に駐在した守護は領国に守護代をおいて統治させた。鎌倉には鎌倉府がおかれ，足利尊氏の子足利基氏が鎌倉公方に任じられ，東国を支配した。それを補佐する上杉氏世襲の関東管領もおかれた。

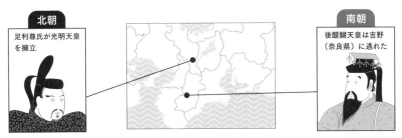

南朝と北朝

北朝
足利尊氏が光明天皇を擁立

南朝
後醍醐天皇は吉野（奈良県）に逃れた

室町幕府の組織図

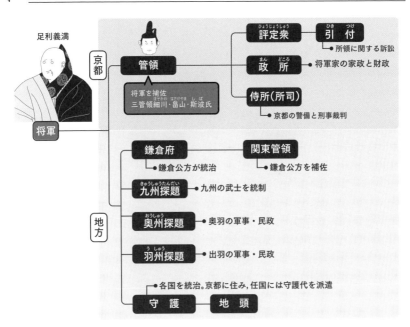

足利義満

京都

管領

将軍を補佐
三管領細川・畠山・斯波氏

将軍

評定衆 ─ 引付
└ 所領に関する訴訟

政所 → 将軍家の家政と財政

侍所（所司）
└ 京都の警備と刑事裁判

地方

鎌倉府
└ 鎌倉公方が統治

関東管領
└ 鎌倉公方を補佐

九州探題 → 九州の武士を統制

奥州探題 → 奥羽の軍事・民政

羽州探題 → 出羽の軍事・民政

守護　地頭
└ 各国を統治。京都に住み、任国には守護代を派遣

THEME 24 **POINT**

- 南北朝の動乱が始まる。北朝側は足利尊氏が征夷大将軍となり室町幕府を開く。

- 3代将軍の足利義満が南北朝の統一を実現。花の御所で政治をおこなう。

- 管領は将軍を補佐した。領国には守護代，東国を支配する鎌倉府もおかれた。

CHAPTER 05

History from
the Kenmu Regime
to the Muromachi Period

THEME

25

Coffee Time
Discovery

JAPANESE HISTORY

勘合で貿易船を
チェックした日明貿易

足利義満が日明貿易（勘合貿易）を開始

　南北朝の動乱期，対馬や壱岐などの住民を中心とした海賊集団である**倭寇**が出現した。元と国交はなく民間交易のみだった。

　3代将軍足利義満は，1401年に使者を明（1368年建国の中国の王朝）に派遣し，1404年に日明貿易が開始された。明は民間貿易を認めない海禁政策をとっており，朝貢した返礼に品物を受け取る朝貢貿易で費用は明が負担した。この貿易で日本は銅銭や生糸などを輸入した。日明貿易は，倭寇対策で正式な貿易船であることを証明する勘合という証票が必要だったことから勘合貿易ともいう。15世紀後半には幕府が衰退したことから，貿易の実権をめぐって堺商人と結んだ細川氏と，博多商人と結んだ大内氏が争った。その後大内氏が貿易を独占したが，16世紀半ばに大内氏が滅亡すると勘合貿易も消滅した。こののち中国人が主体の倭寇が出現し，豊臣秀吉の海賊取締令まで活発に活動を続けた。

中継貿易で繁栄した琉球王国

　朝鮮半島では，李成桂が高麗を倒し，1392年に**朝鮮**が建国された。日朝貿易では，守護や商人らも参加でき，朝鮮は対馬の宗氏を通じて貿易を統制した。日朝貿易では，日本は特に木綿を大量に輸入した。やがて1510年の三浦の乱以降，日朝貿易は次第に衰えていった。

　琉球では，1429年に中山王尚巴志が，都を首里として，三つの勢力を統一して**琉球王国**を建国した。そして明や日本とも国交を結び，東アジア諸国間の中継貿易により国際港那覇は繁栄した。

　また，蝦夷ヶ島と呼ばれた北海道南部では，本州の人びとが海岸に港や館（道南十二館）などの居住地をつくりアイヌを圧迫した。1457年にアイヌの大首長**コシャマイン**が蜂起したが，すぐに鎮圧された。

♀ 室町時代

B.C. 0 A.D.　　500　　1000　　1500　　2000

✎ 勘合貿易

遣明船は文字の左半分がある書類を持っていき，明で右半分（原簿）と照らし合わせて正式な貿易船かどうか確認した。

本字壹號

 ## 琉球王国の中継貿易

琉球王国は，地理的に明・日本・朝鮮・東南アジアの国々を結ぶ位置にあり，これを生かして中継貿易をおこなった。

他国から輸入したものを別の国へ輸出して利益を得る。

THEME 25 **POINT**

- ⊘ **3代将軍足利義満は日明（勘合）貿易を開始。倭寇対策として勘合を用いた。**
- ⊘ **朝鮮半島では李成桂が朝鮮を建国。朝鮮は対馬の宗氏を通じて日朝貿易を統制。**
- ⊘ **中山王尚巴志は，都を首里として琉球王国を建国。中継貿易により繁栄した。**

CHAPTER 05

History from
the Kenmu Regime
to the Muromachi Period

THEME

26

Coffee Time
Discovery

JAPANESE HISTORY

応仁の乱と下剋上の始まり

☕ 惣村の農民が一揆を結んで実力行使

　鎌倉時代後期になると，畿内とその周辺地域で荘園・公領の内部に農民が
つくり出した村が生まれた。この自治的な村を**惣（惣村）**と呼ぶ。その中
心は祭祀集団の宮座であった。惣村の村民は惣百姓，村民の会議は**寄合**，村
民の守るべき規約は惣掟（村法・村掟）といった。惣村は山など共同利用
地（入会地）の確保などもした。惣村には農民が侍身分を獲得した地侍も
出現し，村民は荘園領主に強訴したりするなど，一揆を結んで実力行使した。

　15世紀になると，借金の帳消しである徳政を要求する**土一揆（徳政一
揆）**と呼ばれる蜂起が頻発し，なかでも馬借の徳政要求がきっかけとなった
1428年の**正長の徳政一揆**が有名である。

☕ 応仁の乱で戦国時代が幕を開ける

　4代将軍足利義持の時代の政治は安定していたが，6代将軍足利義教は，
関東管領上杉憲実を助けて鎌倉公方足利持氏を滅ぼしたり（永享の乱），専
制的な政治もあり，反感をもった有力守護の赤松満祐に嘉吉の変で謀殺され
た。以後，幕府の権力は大きくゆらぎ，弱体化していった。

　8代将軍足利義政の時代の1467年に戦国時代の幕開けとなる応仁の乱が
起こった。これは畠山氏と斯波氏の家督争いと将軍家の家督争いに，守護大
名が東軍の**細川勝元**方と，西軍の**山名持豊（宗全）**方に分かれて戦ったも
ので，雑兵の足軽が活躍した。

　こうした争乱から地域を守るために，武士や地域住民による**国一揆**が結成
された。1485年の**山城の国一揆**では畠山氏の軍を追放し，8年間も自治的
支配を実現した。また，1488年には**加賀の一向一揆**で加賀の浄土真宗（一
向宗）の信者が結びつき，守護富樫政親を倒して自治をおこなった。このよ
うな，下の身分の者が実力で上の身分の勢力を打ち倒す風潮を下剋上という。

✎ 室町時代に増加した一揆

借金 取リ消セ！

正長の徳政一揆では，京都周辺の農民が土倉や酒屋を襲い借金の帳消しなどを要求した。

✎ 応仁の乱の構図（1468年頃）

西軍			東軍	
将軍家	足利義視（義政の弟）		将軍家	足利義尚（義政の子）
実力者	山名持豊	VS	実力者	細川勝元
畠山氏	畠山義就		畠山氏	畠山政長
斯波氏	斯波義廉		斯波氏	斯波義敏

THEME 26　**POINT**

▸ 自治的な惣が誕生し，寄合を開いて惣掟を決める。一揆を結んで実力行使した。

▸ 8代将軍足利義政のときに応仁の乱が起こり，戦国時代が始まった。

▸ 下の身分の者が実力で上の身分の勢力を打ち倒す下剋上の風潮が広がる。

CHAPTER 05

History from
the Kenmu Regime
to the Muromachi Period

THEME

27

Coffee Time
Discovery

JAPANESE HISTORY

金閣や能などの文化が
咲き誇る室町時代

鎌倉から室町時代にかけて発達した中世の農業や商業

農業では，鎌倉時代には西日本で麦を裏作とする**二毛作**が広まり，牛馬の利用や鉄製農具が普及した。肥料には，草を刈り田に敷き込む刈敷，草木灰などが利用された。室町時代になると，二毛作は関東地方にも広がり，収穫時期の異なる早稲・中稲・晩稲の作付けが普及し，肥料には人糞尿の下肥も使用された。

商業では，定期市が鎌倉時代の月3回の三斎市から，応仁の乱後の月6回の六斎市へと発展した。商工業者の同業者団体の**座**は，室町時代には広域にわたり独占的販売権をもつものが登場した。流通業では，商品の委託販売などを担った鎌倉時代の**問（問丸）**は，室町時代には**問屋**と呼ばれ，運送業の**馬借・車借**もみられるようになった。また，貨幣経済の進展を背景に高利貸業が盛況となり，鎌倉時代には借上があり，室町時代には酒造業者の**酒屋**が**土倉**という高利貸業を兼ねた。幕府は土倉を保護し営業税を課した。

室町時代の華やかな北山文化と簡素な東山文化

足利義満の時代には，武家・公家・大陸の文化が融合した北山文化が栄えた。足利義満の**金閣**（舎利殿）にはその特徴が顕著に表れている。**観阿弥・世阿弥**が能を完成し，能の合間には**狂言**が演じられた。

足利義政の時代には，禅の精神などを基調とした東山文化が栄えた。足利義政の**銀閣**の東求堂同仁斎には，現代の和風建築のもととなっている書院造という建築様式がみられる。庭園では龍安寺などの岩石と砂利による枯山水が有名である。絵画では**雪舟**が日本の**水墨画**を大成した。

学問では，寺院で子どもに教育を受けさせたり，足利学校では全国から集まった禅僧や武士が儒学などを学んだ。人々の識字率が向上すると，「一寸法師」などの絵入りの物語である**御伽草子**が広く読まれるようになった。

B.C. **0** A.D.　　　500　　　1000　　　1500　　　2000

室町時代の農業と商業

農業		二毛作が全国に広がる
		畿内では米，麦，そばの三毛作も普及
商業	定期市	月6回の六斎市が一般化（応仁の乱後）
	金融業	富裕な酒造業の酒屋が高利貸の土倉も兼ねる
	運送業・倉庫業	問（問丸）が問屋に発展し，商品の保管や卸売りをおこなう
		馬を利用する馬借，牛車を利用する車借が活躍

室町文化

足利義満の時代の北山文化では，金閣が有名。三層の建築で，初層は寝殿造，第二層は和様の観音殿，第三層は禅宗様の仏殿になっている。

能と狂言を合わせて能楽といい，UNESCO（国連教育科学文化機関）の無形文化遺産に登録されている。

THEME 27 **POINT**

- 二毛作や三毛作が普及。定期市の回数が増え，土倉・酒屋が高利貸業を営む。
- 足利義満の頃に金閣に代表される北山文化。観阿弥・世阿弥が能を完成した。
- 足利義政の頃に銀閣に代表される東山文化。和風建築のもととなった書院造。

CHAPTER 05
History from
the Kenmu Regime
to the Muromachi Period

THEME
28

Coffee Time
Discovery
JAPANESE HISTORY

時代は戦国の乱世へ

上杉謙信や武田信玄など戦国大名が台頭

　戦国の世となると，下剋上の中で各地域で実力のある者が台頭するようになった。多くの地域では，**戦国大名**がみずから領国（分国）をつくり，独自の支配をおこなった。

　関東では，鎌倉公方が古河公方（足利持氏の子）と堀越公方（足利義政の兄）とに分裂し，関東管領の上杉氏も分裂して争っていた。この混乱の中，**北条早雲**（伊勢宗瑞）が堀越公方を滅ぼして伊豆を獲得し，その後小田原を本拠とした。早雲の子と孫の時代には北条氏は関東大半を支配した。

　中部地方では，関東管領の上杉氏を継いだ**上杉謙信**と，甲斐や信濃を領国とした**武田信玄**（晴信）が川中島などで争った。東北ではのちに伊達氏が台頭し，中国地方では大内氏の家臣の陶晴賢が実権を掌握したが，安芸の国人の**毛利元就**が陶晴賢を討って勢力を拡大。九州では島津氏と大友氏が，四国では長宗我部氏がそれぞれ勢力を拡大した。

戦国大名は独自の分国法で領国を支配

　戦国大名は，家臣に貫高（収入額を銭に換算したもの）にみあった軍役を負担させる貫高制を採用した。家臣団の編成には，有力家臣に地侍などを配属させる寄親・寄子制を採用した。また戦国大名は独自の法である**分国法**も制定し，今川氏の今川仮名目録，伊達氏の塵芥集，武田氏の甲州法度之次第などが有名である。家臣の領地の収入額などを申告させる指出検地も実施し，耕作地の面積などが検地帳に登録され貫高制の基礎になった。

　室町・戦国時代には大寺社や地方の中小寺院の**門前町**も繁栄し，中でも浄土真宗の寺院や道場を中心にした寺内町が各地に建設された。港町ではとくに堺や博多が栄えた。堺は会合衆，博多は年行司の合議により自治され，ガスパル＝ヴィレラは堺を「ベニス市の如く」と評価した。

おもな戦国大名が支配した地域（1560年頃）

毛利氏

安芸の国人毛利元就が陶晴賢を破り大内氏の所領を手に入れた。さらに山陰の尼子氏を破り中国地方一帯を支配。

毛利元就

上杉氏

越後の守護代長尾景虎が関東管領上杉氏を継いで上杉謙信と名乗り武田氏や北条氏と争った。

上杉謙信

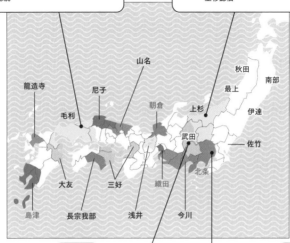

山名
龍造寺　　尼子
　　毛利　　朝倉
　　　　　　　　上杉
秋田　南部
最上　伊達
　　　　　　武田
　　　　　　佐竹
大友　　三好　　織田
　　　　　　　北条
島津　長宗我部　浅井　今川

武田氏

甲斐の守護出身。武田晴信（信玄）の代に信濃を併合。越後の上杉氏と川中島で数度の合戦を行う。

武田信玄

北条氏

北条早雲が伊豆の堀越公方を滅ぼし，相模の小田原を拠点に南関東を支配。

北条早雲

THEME 28　POINT

- 領国を支配する戦国大名が登場。上杉謙信や武田信玄，毛利元就など。
- 貫高にみあった軍役を負担させる貫高制を採用。独自の法の分国法も制定した。
- 門前町が繁栄し，寺内町も各地に建設。堺や博多の港町も栄えた。

| C H E C K |

確 認 問 題

◀ 建 武 政 権 ～ 室 町 時 代 ▶

History from the Kenmu Regime to the Muromachi Period

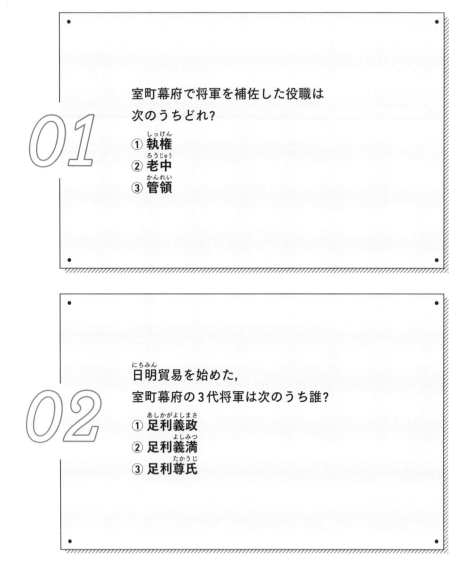

01

室町幕府で将軍を補佐した役職は
次のうちどれ?

① 執権
しっけん

② 老中
ろうじゅう

③ 管領
かんれい

02

日明貿易を始めた,
にちみん
室町幕府の3代将軍は次のうち誰?

① 足利義政
あしかがよしまさ

② 足利義満
よしみつ

③ 足利尊氏
たかうじ

03

戦国時代の幕開けとなった戦いで，
畠山氏と斯波氏の家督争いと将軍家の家督争いに，
守護大名が東軍の細川勝元方と，西軍の
山名持豊方にわかれて戦ったのは次のうちどれ？

① 壬申の乱
② 桶狭間の戦い
③ 応仁の乱

04

銀閣と同じ敷地にある東求堂同仁斎にみられる，
現在の和風建築のもととなった建築様式は
次のうちどれ？

① 書院造
② 寝殿造
③ 校倉造

答え ▷ P.188

06

History from the Azuchi-Momoyama to the Edo Period

安土桃山～江戸時代

7000000	10000	B.C. 0 A.D.	500	1000	1500		2000

“織田信長は天下統一を目指したが志半ばでたおれ，
それを引き継いだ豊臣秀吉によって達成された。
織田信長と豊臣秀吉の統一事業と桃山文化について見ていこう。
秀吉が亡くなったあと，
天下分け目の関ヶ原の戦いで勝利した徳川家康が江戸幕府を開く。
太平の世を築いた徳川政権だったが，
ペリーが率いる黒船の来航で歴史は一気に動き出す。
この章では，江戸幕府のしくみやさまざまな政治改革，
江戸時代に発達した産業や交通，文化や学問についても学んでいこう。”

CHAPTER 06

History from
the Azuchi-Momoyama
to the Edo Period

THEME

29

Coffee Time
Discovery

JAPANESE HISTORY

鉄砲をいち早く取り入れた織田信長

鉄砲が種子島に，キリスト教が鹿児島に伝来

　ヨーロッパがキリスト教布教や貿易拡大をおこなった**大航海時代**のパイオニアはスペインとポルトガルであった。スペインはフィリピン諸島のマニラを拠点とし，ポルトガルは中国のマカオなどを拠点とした。

　1543年にポルトガル人が大隅の種子島に漂着し，日本に**鉄砲**が伝わった。ポルトガルは以後も来航し，スペインも肥前の平戸に来航して貿易を開始した。当時彼らは**南蛮人**と呼ばれたので，この貿易を**南蛮貿易**と呼ぶ。

　1549年には，イエズス会（耶蘇会）宣教師の**フランシスコ＝ザビエル**が鹿児島に来航し，大名の大友義鎮（宗麟）らの保護を受けてキリスト教を布教した。その後ガスパル＝ヴィレラやルイス＝フロイスらの宣教師も来日して布教につとめ，教会堂である南蛮寺，宣教師の養成学校であるコレジオ，神学校であるセミナリオなどがつくられた。洗礼を受けた大名はキリシタン大名と呼ばれ，豊後の大友義鎮（宗麟）らは1582年にイエズス会宣教師の勧めで伊東マンショらを**天正遣欧使節**としてローマ教皇のもとに派遣した。

信長は室町幕府を滅ぼすも本能寺の変で自害

　尾張の**織田信長**は，1560年に**桶狭間の戦い**で今川義元を破り，その後足利義昭を15代将軍として擁立した。信長はこれを足がかりとして全国統一を進めていく。1570年には姉川の戦いで近江の浅井氏・越前の朝倉氏の連合軍を破り，本願寺の顕如（光佐）との石山戦争も開始し，翌年には比叡山延暦寺を焼討ちした。そして将軍権力の回復を目指した足利義昭を1573年に京都から追放し室町幕府を滅ぼした。1575年には**長篠の戦い**で鉄砲隊を用いた戦法で武田勝頼を破り，翌年**安土城**を築いてその城下町では商業活動を活発にするために座の特権を廃止した楽市令を発布した。しかし，全国統一目前の1582年に**本能寺の変**で家臣明智光秀に背かれ自害した。

ヨーロッパ人の来航

フランシスコ=ザビエル

鉄砲	ポルトガル人が種子島に漂着して伝来	
南蛮貿易	輸入	鉄砲・火薬，中国の生糸や絹織物
	輸出	銀，刀剣

イエズス会の宣教師フランシスコ=ザビエルが，大名の大友義鎮(宗麟)らの保護を受けてキリスト教を布教。

織田信長の統一事業の流れ

織田信長

年	おもな出来事
1560	桶狭間の戦い…駿河の今川義元を破る
1568	足利義昭を立てて入京，15代将軍に擁立
1570	姉川の戦い…浅井氏と朝倉氏を破る
	石山戦争開始…本願寺の顕如と争う
1571	敵対した比叡山延暦寺を焼討ち
1573	足利義昭を京都から追放室町幕府の滅亡となる
1575	長篠の戦い…武田勝頼を破る
1576	安土城築城開始
1582	本能寺の変…家臣明智光秀に背かれ，自害

鉄砲を大量に用い大勝。

城は本能寺の変後に焼失。

信長は堺などを支配して鉄砲を大量に入手した。

THEME 29 POINT

● 種子島に鉄砲が伝わる。フランシスコ=ザビエルが鹿児島にキリスト教を伝える。

● 織田信長は桶狭間の戦いや長篠の戦いなどで勝利。室町幕府も滅ぼす。

● 安土城下で商業活動を活発にするために楽市令を発布。本能寺の変で自害した。

CHAPTER 06

History from
the Azuchi-Momoyama
to the Edo Period

THEME
30

Coffee Time
Discovery

JAPANESE HISTORY

戦国時代を終わらせた豊臣秀吉

🍺 秀吉がついに全国統一を達成

　織田信長の有力家臣羽柴秀吉は本能寺の変後，山崎の戦いで明智光秀を破った。続いて賤ヶ岳の戦いで柴田勝家を破り，信長の後継者としての地位を確立した。また大坂城の築城も開始した。1584年には小牧・長久手の戦いで織田信雄・徳川家康と争い，以後，朝廷の権威も利用して全国統一をおし進めた。1585年には関白となり，長宗我部元親を服属させ，翌年太政大臣となり，天皇より豊臣の姓を与えられ「豊臣秀吉」となった。秀吉は全国の大名に停戦を命じ，九州の島津義久を降伏させ，1590年には小田原攻めで北条氏を滅ぼし，東北の大名も服属させ，全国統一を果たした。

🍺 刀狩と検地などで兵農分離が完成

　秀吉は1588年に一揆防止のため刀狩令を発布し，百姓を耕作に専念させようとした。また，太閤検地を実施し，土地面積の単位や枡容量を統一，米の収穫量である石高（村高）を定めた。太閤検地の結果，荘園制により土地の権利が重複し複雑になっていたものが解消され，検地帳には土地を実際に耕作している農民が登録される一地一作人となった。これにより，農民は自分の田畑の所持を認められた反面，石高に応じた年貢を負担する義務を負った。これらの諸政策で身分の区別が明確になり兵農分離が完成した。

　秀吉はキリスト教への警戒を強め，大名のキリスト教の入信は許可制とし，直後に宣教師を国外追放するバテレン追放令を出した。しかし倭寇対策で海賊取締令を出すとともに南蛮貿易は推進したので，宣教師の追放は不徹底となった。一方で秀吉は全国統一後，ルソン（フィリピン），台湾などに入貢を要求し，大陸侵攻の意図をもって二度にわたって朝鮮に出兵した（文禄の役・慶長の役）。しかし，これにより莫大な戦費と兵力をつぎ込み，豊臣政権が没落する要因となった。

豊臣秀吉の統一事業の流れ

年	おもな出来事
1582	山崎の戦い…明智光秀を破る
1583	賤ヶ岳の戦い…柴田勝家を破る 信長の後継者としての地位確立。
1584	小牧・長久手の戦い…織田信雄（信長の子）・徳川家康らと争ったのち，和睦
1585	関白に就任…惣無事令を出して大名間の戦争停止を命じる
1587	バテレン追放令…宣教師を国外追放
1588	刀狩令 百姓の武器所有を禁止。
1590	全国統一完成
1592	文禄の役…朝鮮へ派兵
1597	慶長の役…朝鮮へ再び派兵

秀吉は堺・博多などの貿易都市や，石見銀山などの鉱山を直接治めた。

豊臣秀吉

朝鮮出兵の際に，大名が朝鮮の陶工を連れ帰ったことにより各地で陶磁器がつくられるようになった。有田焼もその1つ。

THEME 30 **POINT**

- 豊臣秀吉は関白となり，朝廷の権威も利用しながら全国統一を果たす。
- 刀狩令の発布と太閤検地の実施などの政策で身分の区別が明確に（兵農分離）。
- 二度にわたる朝鮮出兵（文禄の役・慶長の役）に失敗し，大きな打撃を受ける。

CHAPTER 06

History from
the Azuchi-Momoyama
to the Edo Period

THEME

31

Coffee Time
Discovery

JAPANESE HISTORY

豪華絢爛な桃山文化

壮大な城や色鮮やかな濃絵が特徴

　織田信長・豊臣秀吉の時代の文化は**桃山文化**と呼ばれ，大名の威勢や豪商の経済力などが反映された。その象徴は城郭建築である。旧来の防塞としての山城から，領国支配の利便が考慮された丘の上の平山城や平地の平城となっていき，壮麗な**天守閣**のある本丸などがつくられた。安土城や大坂城，池田輝政が大拡張した播磨の**姫路城（白鷺城）**が有名である。城の内部の襖や屏風などには金箔濃彩画である**濃絵**や水墨画の障壁画が描かれた。

　また，**狩野永徳**は水墨画と大和絵が融合した桃山様式を大成した。狩野永徳の作品には『洛中洛外図屏風』や『**唐獅子図屏風**』がある。水墨画では長谷川等伯が有名で，『松林図屏風』を描いた。彫刻では戸・障子上部の鴨居と天井の間の格子に欄間彫刻がほどこされた。

千利休は茶道を確立，阿国歌舞伎も人気

　京都や堺などの町衆（富裕な商工業者）も文化の担い手となり，堺の**千利休**は侘茶を完成してその精神を凝集した妙喜庵茶室（待庵）を造作したと伝えられ，儀礼を定めて茶道を確立した。武将にもその門人である信長の弟の織田有楽斎らの茶人がいた。1587年には身分差なく民衆が参加でき，千利休や今井宗久らが中心となった北野大茶湯が京都で開かれた。また三味線を伴奏にして人形を動かす人形浄瑠璃が民衆の間で人気となった。**出雲阿国**による阿国歌舞伎（かぶき踊り）も始まった。

　宣教師の来日で，出版・天文学・医学などが伝えられ**南蛮文化**も栄えた。西洋画の影響により南蛮屏風が描かれた。また，宣教師ヴァリニャーニにより金属製の活字印刷術も伝えられ，印刷機の輸入もあり，ローマ字での各種書籍の出版がおこなわれた。これをキリシタン版（天草版）と呼び，ローマ字による『平家物語』や『伊曽保物語』（イソップ物語）などが刊行された。

B.C. 0 A.D.　　　500　　　　　1000　　　　　1500　　　　2000

📖 桃山文化

『唐獅子図屏風』は狩野永徳の代表作。雌雄一対の獅子が描かれている。

姫路城は、美しい白壁から「白鷺城」の別称がある。UNESCOの世界文化遺産に登録されている。

✏️ 安土桃山時代の芸能や南蛮文化

芸能	茶道	千利休が禅宗の影響を受けた簡素な侘茶を完成させる
	人形浄瑠璃	琉球より伝来した三味線の伴奏で，人形を動かす
	阿国歌舞伎	出雲阿国が京都でかぶき踊りをはじめる
南蛮文化	美術	油絵や銅版画の技法が伝来
	出版	ヴァリニャーニにより金属製の活字印刷術が伝来。ローマ字書籍のキリシタン版（天草版）が出版される。「平家物語」・「伊曽保物語」など

カステラ，コンペイトウ，パン，カボチャなども伝来。

THEME 31　POINT

- 桃山文化が繁栄。城は壮麗な天守閣をもち，襖や屏風に濃絵や水墨画の障壁画。
- 千利休は茶道を確立した。出雲阿国による阿国歌舞伎も人気を博した。
- 宣教師の来日で南蛮文化が繁栄。活字印刷術が伝えられ，キリシタン版が刊行。

CHAPTER 06

History from
the Azuchi-Momoyama
to the Edo Period

THEME

32

Coffee Time
Discovery

JAPANESE HISTORY

太平の世を築いた徳川家康

🍵 関ヶ原の戦いに勝利した家康は江戸幕府を開く

　豊臣秀吉死後，五大老（有力大名）筆頭の**徳川家康**は，五奉行（秀吉の家臣）の一人で豊臣政権存続派の**石田三成**と対立した。1600年，毛利輝元を盟主とした石田三成の挙兵（西軍）に対し，徳川家康（東軍）は**関ヶ原の戦い**で勝利，1603年に征夷大将軍となり江戸で幕府を開いた（江戸幕府）。

　大坂城には秀吉の子豊臣秀頼がいたが，徳川家康は将軍職が徳川氏の世襲であることを見せつけるために将軍職をわずか2年で徳川秀忠にゆずり，自身は大御所（前将軍）として駿府で実権を握り続けた。のちに京都方広寺の鐘銘問題を機に**大坂の陣**（大坂冬の陣，大坂夏の陣）で豊臣氏を滅ぼした。

🍵 幕府と藩が土地と人民を支配する幕藩体制

　幕府は一国一城令を発し，大名の統制のために**武家諸法度**（元和令）を制定した。3代将軍**徳川家光**は大名に国元と江戸を1年交代で往復させる**参勤交代**を義務付ける新たな武家諸法度（寛永令）を発布した。

　幕府の財政収入は幕府直轄領（幕領）の年貢と鉱山からの収入であった。軍事力は直属の家臣で石高1万石未満の**旗本**（将軍に謁見可）・**御家人**（謁見不可）と，1万石以上の大名の軍役であった。職制は，**老中**（当初は年寄）が政務を統轄し，大老は臨時の最高職だった。老中補佐の若年寄，大名を監察する大目付，三奉行（寺社奉行・町奉行・勘定奉行）などがおかれた。京都には朝廷の統制や西国大名の監視をする京都所司代が，大坂など重要都市には城代と町奉行が，各地には遠国奉行などがおかれた。

　江戸時代の大名は三家（尾張・紀伊・水戸）など徳川氏一門の**親藩**，古くからの徳川氏の家臣である**譜代**，関ヶ原の戦い前後から徳川氏に従うようになった**外様**に分けられ，その領地やその支配機構を**藩**という。幕府・藩（将軍と大名）による土地と人民の支配体制を幕藩体制という。

江戸幕府成立期の流れ

将軍	年代	おもな出来事	
初代 徳川家康	1603	徳川家康が 征夷大将軍となる	1600年の関ヶ原の 戦いを制した。
2代 徳川秀忠	1614	大坂冬の陣がおこり，徳川家康が大坂城を攻撃	
	1615	● 大坂夏の陣で豊臣家が滅亡する ● 武家諸法度（元和令）が出される	
3代 徳川家光	1635	武家諸法度（寛永令）が出される	参勤交代 スタート。

江戸幕府のしくみ

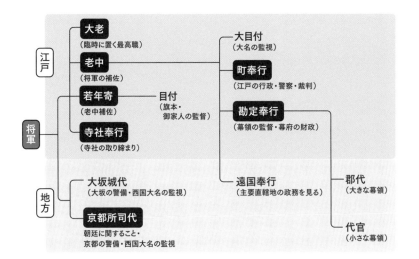

THEME 32 **POINT**

● 徳川家康は関ヶ原の戦いに勝って江戸幕府を開く。大坂の陣で豊臣氏を滅ぼす。

● 武家諸法度を制定し大名を統制する。3代将軍徳川家光は参勤交代を制度化。

● 大名は親藩・譜代・外様に分けられる。幕藩体制で全国の土地と人民を支配。

CHAPTER 06

History from
the Azuchi-Momoyama
to the Edo Period

THEME

33

*Coffee Time
Discovery*

JAPANESE HISTORY

苗字や帯刀などの特権をもった武士

幕府は朝廷や寺院への統制も強める

徳川家康は1615年に朝廷統制の基準となる**禁中並公家諸法度**を制定するなどし，幕府は天皇や公家の行動も規制した。

また，寺院の統制のため，寺院法度を発布して宗派ごとに本山・本寺と末寺を組織する本末制度を設け，1665年に各宗派共通の諸宗寺院法度も発布した。神社・神職に対しては諸社禰宜神主法度を制定し統制した。

支配身分の武士と被支配身分の百姓・職人・町人

幕藩体制下，支配身分は天皇家・公家・上級僧侶神職のほか，苗字・帯刀や切捨御免の特権をもつ武士で，被支配身分は百姓，職人，町人などがいた。下位の身分とされるえたや非人と呼ばれる人々もいた。

惣村の分割や新田開発で，新しい村も多く生まれた。村長である**名主（庄屋・肝煎）**・その補佐役の**組頭**・村民代表の百姓代からなる村役人（**村方三役**）が村の中心で，村政は本百姓が村法（村掟）により運営した。年貢を村で一括納入する村請制もおこなわれ，村民に連帯責任を負わせる**五人組**もあった。村には田地をもたない水呑（無高）などもいた。標準的な税率は四公六民（石高の40％）や五公五民（石高の50％）で，米穀や貨幣でおさめた。

幕府は農業経営と年貢の徴収を安定させようと，1643年に田地の権利移動を制限する田畑永代売買の禁止令を発布，1673年には分割相続を制限して田地細分化を防ぐ分地制限令を発布した。

これまで農村で暮らしていた武士が強制的に城下町に移住させられ，多くの商人や職人も城下町に定住するようになった。武士や町人，職人らが居住した城下町は，城郭を中心に武家地・寺社地・町人地など，身分ごとに居住地が明確に分けられていた。江戸では，町は町人の代表である町名主や月行事を中心に町法（町掟）により運営された。

武士の特権と身分別の人口割合

武士は苗字・帯刀や切捨御免の特権をもった。

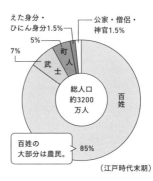

えた身分・ひにん身分1.5%
公家・僧侶・神官1.5%
5%
7%
町人
武士
総人口約3200万人
百姓
百姓の大部分は農民。
85%
（江戸時代末期）

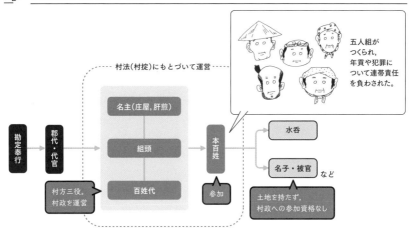 百姓統制（幕領）の構図

五人組がつくられ、年貢や犯罪について連帯責任を負わされた。

村法（村掟）にもとづいて運営

勘定奉行　→　郡代・代官　→　名主（庄屋,肝煎）／組頭／百姓代　→　本百姓　→　水呑／名子・被官　など

参加

村方三役。村政を運営

土地を持たず、村政への参加資格なし

THEME 33　**POINT**

- 禁中並公家諸法度で朝廷を統制，寺院法度や本末制度で寺院を統制した。
- 武士は支配身分で苗字・帯刀の特権。被支配身分は百姓・職人・町人など。
- 村の中心は名主・組頭・百姓代からなる村方三役。五人組の制度もあった。

CHAPTER 06

History from
the Azuchi-Momoyama
to the Edo Period

THEME
34

Coffee Time
Discovery

JAPANESE HISTORY

キリスト教を厳しく禁じた江戸幕府

島原の乱後にキリスト教徒への取り締まりを強化

ヨーロッパではポルトガル・スペインに続き，オランダ・イギリスもアジア進出を計画していた。徳川家康はオランダ人とイギリス人を江戸にまねいて外交・貿易顧問とした。その後，オランダ・イギリスに貿易が許可され，肥前の平戸に商館が設置された。日本人の海外進出も進み，朱印船で海外渡航を許可された**朱印船貿易**がさかんになって東南アジアに**日本町**も形成された。しかし，幕府はキリスト教の布教がスペイン・ポルトガルによる侵略をまねくおそれがあるとし，1612年に直轄領に対し**禁教令**を発布，翌年全国に拡大した。

その後島原・天草地方（九州北西部）では領主の圧政を背景に，1637年にキリシタン農民らによる**島原の乱**（島原・天草一揆）が起こった。幕府軍の攻撃に首領**益田（天草四郎）時貞**らが原城跡でよく抵抗したが，翌年鎮圧された。乱後，キリスト教徒の根絶を目指す**絵踏**の強化や，キリシタンではないことを寺院が証明する寺請制度を設け，信仰調査である**宗門改め**もおこない，のちに戸籍の役割となる宗門改帳（宗旨人別改帳）も作成された。

幕府は禁教と貿易統制のため，清・オランダとのみ長崎での貿易を許可し，それ以外の外国船来航を規制する鎖国政策をとった。

鎖国下も朝鮮とは対馬藩，琉球とは薩摩藩が交流

朝鮮とは対馬藩主宗氏が貿易を独占した。朝鮮からは外交使節の**通信使**が派遣された。薩摩の島津氏は1609年に琉球王国を征服したが，琉球の中国への朝貢を継続。琉球は幕府の将軍就任時に慶賀使を，自国王就任時に謝恩使を幕府に派遣した。北海道南部の蝦夷ヶ島の和人地に勢力をもつ松前氏は，アイヌとの交易で莫大な利益を得ていた。アイヌの人々は1669年に**シャクシャインの戦い**を起こすが屈服した。

06

📖 絵踏によるキリスト教の取り締まり

> キリストや聖母マリアが描かれた像を人々に踏ませ, キリスト教の信者かどうかを判断した。

📖 鎖国下に開かれていた4つの外交窓口

清
樺太(サハリン)
蝦夷地
松前
朝鮮
対馬
長崎
江戸
鹿児島(薩摩)
オランダ
琉球

> 朝鮮からの通信使は江戸時代に計12回来日し, 幕府や藩がその経費をまかなっていた。

THEME 34　POINT

- 江戸時代初めには朱印船貿易がさかんで東南アジアに日本町ができた。
- 幕府は禁教令を発布。島原の乱後は絵踏の強化や宗門改めをおこなう。
- 朝鮮からは通信使, 琉球からは慶賀使・謝恩使が派遣された。

CHAPTER 06

History from
the Azuchi-Momoyama
to the Edo Period

THEME

35

Coffee Time
Discovery

JAPANESE HISTORY

武力中心から
学問や礼節の重視に転換

📖 文治政治で学問や礼節を重視した家綱

　家光の子**徳川家綱**は11歳で4代将軍になったため，叔父で会津藩主の保科正之らが将軍を支えた。この頃幕府は社会のさらなる安定を目指し牢人などの取り締まりを強化した。また，武力ではなく学問や礼節を重んじる**文治政治**への転換が図られた。牢人の増加防止のため大名の末期養子の禁止を緩和（跡継ぎのいない大名の養子取りを一部許可）した。1663年には大名の死後に殉死することを禁止して，新たな主人への奉公を義務とした。

　諸藩では，社会の安定で軍役の負担が軽減されたことにより，藩政の安定や経済の発展がみられた。岡山では池田光政が郷校の閑谷学校を設立し，陽明学者の熊沢蕃山を重用した。会津では保科正之が朱子学を学び，水戸では徳川光圀が江戸に彰考館を設立して『大日本史』の編纂を開始した。

📖 生類憐みの令で知られる，儒教を重視した徳川綱吉

　徳川綱吉が5代将軍に就くと，武家諸法度を改訂し，武力ではなく忠義を尽くして礼儀を正すこととし，文治政治がより一層進んだ。儒教を重視する綱吉は孔子廟大成殿の**湯島聖堂**を建て，1685年から生類すべての殺生を禁じる極端な動物愛護の**生類憐みの令**を発布した。

　財政面では，金銀の産出量の減少のため，金の含有率を下げた元禄小判を発行したが，貨幣価値が下落し物価が上昇して民衆生活を圧迫した。

　6代将軍徳川家宣と7代将軍徳川家継の時代には，朱子学者の**新井白石**と側用人の間部詮房により**正徳の政治**と呼ばれる政治刷新がはかられ，皇統保持をはかる閑院宮家の創設や，朝鮮通信使の使節待遇を簡素化するなどした。

　財政面では新井白石は元禄小判より金含有率を上げた正徳小判を鋳造して物価上昇の抑制をはかった。また，貿易により日本から多くの金銀が流出したため，長崎貿易を制限し，清とオランダの貿易額を制限した。

文治政治の流れ

将軍	おもな補佐	年	おもな出来事
4代 徳川家綱	保科正之	1651	牢人増加の防止のため，末期養子の禁止緩和
		1657	明暦の大火で江戸城や市街が燃え死者多数
		1663	殉死を禁止
5代 徳川綱吉	柳沢吉保	1683	武家諸法度（天和令）で忠孝・礼儀を重視 ◀ 文治政治推進
		1685〜	生類憐みの令を発布
		1690	湯島聖堂が完成
		1695	慶長小判より金含有率を下げた元禄小判を発行
6代 徳川家宣	正徳の政治 新井白石		
7代 徳川家継		1714	物価上昇の抑制をはかり正徳小判の鋳造
		1715	海舶互市新例で長崎貿易の貿易額を制限

✏ 貨幣改鋳のしくみ

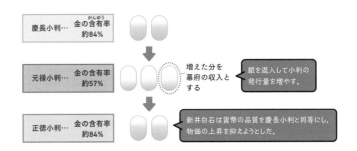

慶長小判… 金の含有率 約84%

元禄小判… 金の含有率 約57%

増えた分を幕府の収入とする

銀を混入して小判の発行量を増やす。

正徳小判… 金の含有率 約84%

新井白石は貨幣の品質を慶長小判と同等にし，物価の上昇を抑えようとした。

THEME 35 POINT

- 保科正之が4代将軍徳川家綱を支える。学問や礼節を重んじる文治政治へ転換。
- 5代将軍徳川綱吉は儒教を重視し湯島聖堂を建て，生類憐みの令を発布した。
- 6代・7代将軍の時代に，新井白石と間部詮房による正徳の政治がおこなわれる。

CHAPTER 06

History from
the Azuchi-Momoyama
to the Edo Period

THEME

36

Coffee Time
Discovery

JAPANESE HISTORY

交通網や大都市が
発達した江戸時代

現在まで名を残す五街道の整備

　陸上交通では，江戸の日本橋を起点とした**五街道**が整備され，街道途中には宿駅や関所などが設けられた。とくに関東の関所は「入鉄砲に出女」（江戸への武器搬入と大名の妻の江戸脱出）を監視した。海上交通では，南海路（江戸〜大坂）で菱垣廻船や，のちに酒荷用の樽廻船が運航した。また，江戸の商人河村瑞賢が**東廻り海運（航路）**と**西廻り海運（航路）**を整備した。

交通網の整備をきっかけに諸産業も発達

　交通網が整備されると各地で都市が成長し産業が発達した。漁業では網漁が広まり，九十九里浜でとれたいわしは**干鰯**に加工され肥料として販売された。

　鉱業では，佐渡金山，石見銀山，足尾銅山などの鉱山があり，産出された金銀は幕府の収入となり，それを原料に貨幣が鋳造された。

　商業では，流通独占などを目指す江戸の十組問屋や大坂の二十四組問屋もつくられた。問屋が生産地の百姓に資金や原料を貸与してその生産物を購入する**問屋制家内工業**もおこなわれるようになった。また，江戸日本橋の魚市場や大坂堂島の米市場など，大都市などで卸売市場が発達した。

　農業では，農具の改良や農業の技術書も普及した。また，各地で商品販売を目的とした**商品作物**が生産され，紅花や藍玉などの特産物が生まれた。

三都と呼ばれた江戸・大坂・京都

　江戸・大坂・京都の**三都**は世界有数の大都市となった。江戸は「将軍のお膝元」と呼ばれ，日本最大の消費都市だった。大坂は「**天下の台所**」と呼ばれる商業都市となり，諸藩の**蔵屋敷**がおかれ，全国から年貢米や特産物が運びこまれた。

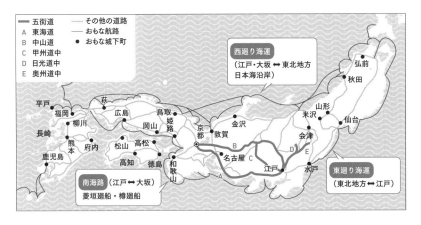

B.C. 0 A.D.　　　500　　　　　1000　　　　　1500　　　　　2000

 ## 江戸時代の交通MAP

```
━━ 五街道　　　その他の道路
A 東海道　　━━ おもな航路
B 中山道　　● おもな城下町
C 甲州道中
D 日光道中
E 奥州道中
```

西廻り海運
（江戸・大坂 ⇔ 東北地方
　日本海沿岸）

平戸　　　　　　　　　　　　　　　　　　　弘前
福岡　　　　広島　　鳥取　　　　　　山形　　秋田
　　柳川　　　岡山　姫路　金沢　　　米沢　　　仙台
長崎　　　　　　　　京都　敦賀　　　会津
　　熊本　　松山　高松　　　B　　　　D　E
鹿児島　府内　　　徳島　名古屋　C
　　　　　高知　　　和歌山　　江戸　水戸
　　　　　　　　　　　　　　　A

南海路（江戸 ⇔ 大坂）
菱垣廻船・樽廻船

東廻り海運
（東北地方 ⇔ 江戸）

 ## 江戸時代に拡大した流通経済

問屋仲間の結成…流通独占などを目指す。
江戸…十組問屋　大坂…二十四組問屋

問屋と仲買の売買の場。

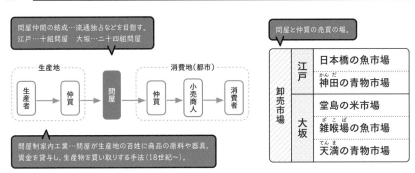

卸売市場	江戸	日本橋の魚市場
		神田（かんだ）の青物市場
	大坂	堂島の米市場
		雑喉場（ざこば）の魚市場
		天満（てんま）の青物市場

```
　生産地　　　　　　　　　　消費地（都市）
生産者 → 仲買 → 問屋 → 仲買 → 小売商人 → 消費者
```

問屋制家内工業…問屋が生産地の百姓に商品の原料や器具，
資金を貸与し，生産物を買い取りする手法（18世紀〜）。

THEME 36 **POINT**

● 陸上交通では五街道，海上交通では東廻り海運・西廻り海運などが整備された。

● 商業では十組問屋や二十四組問屋がつくられた。農業では農具の改良や商品作物の生産が広がった。

● 江戸は「将軍のお膝元」。大坂は「天下の台所」で諸藩の蔵屋敷がおかれた。

CHAPTER 06

History from
the Azuchi-Momoyama
to the Edo Period

THEME

37

o

Coffee Time
Discovery

JAPANESE HISTORY

新興の町人が生み出した元禄文化

☕ 町人の日常や姿をえがいた文学や浮世絵が人気に

　5代将軍徳川綱吉の時代には，大坂や京都などの上方を中心に一般町人なども文化の担い手となる**元禄文化**が生まれた。小説では**井原西鶴**が**浮世草子**で，遊女との愛欲を描く好色物の『好色一代男』や，金銭や出世を描く町人物の『日本永代蔵』などを残した。俳句では，**松尾芭蕉**が文学的な蕉風（正風）**俳諧**を確立し，東北・北陸地方から美濃大垣に至る俳諧紀行文の『奥の細道』を残した。脚本では，**近松門左衛門**が歌舞伎や人形浄瑠璃の脚本で義理と人情の葛藤を描き，世話物である『曽根崎心中』や時代物の『国性（姓）爺合戦』などを残した。

　歌舞伎では江戸で荒事を演じた初代市川団十郎，上方で恋愛劇である和事を演じた坂田藤十郎が代表で，女形の芳沢あやめも女形芸を大成した。

　絵画では俵屋宗達の画法から琳派をおこし，『紅白梅図屏風』や『燕子花図屏風』を描いた**尾形光琳**が活躍した。肉筆美人画の『見返り美人図』を描いた**菱川師宣**は浮世絵版画の創始者となった。染物では友禅染の宮崎友禅が活躍し，工芸では尾形光琳の『八橋蒔絵螺鈿硯箱』が有名である。

☕ 朱子学だけでなく，ほかの学問も発展

　学問では，身分秩序などを重視する儒学，とくに**朱子学**が幕府や藩に重んじられた。朱子学には京都の京学と土佐の南学（海南学派）がある。朱子学や陽明学に対し，儒学の原点である孔子・孟子の真意に直接立ち返ろうとする古学も生まれた。歴史学では新井白石が独自の時代区分による歴史書『読史余論』を著した。また新井白石は，江戸に幽閉されたイタリア人宣教師シドッチの尋問で得た知識により，世界地理書『采覧異言』やキリスト教批判を含む『西洋紀聞』を著した。日本独自の数学である和算では吉田光由の『塵劫記』，**関孝和**の『発微算法』が著された。

〔時間軸〕 B.C. **0** A.D.　500　1000　1500　2000　📍江戸時代

🚩 元禄文化

松尾芭蕉の句では，「夏草や 兵どもが 夢の跡」や「五月雨を あつめて早し 最上川」などが有名。

✏️ 江戸前期～中期の諸学問

分野	おもな人物	内容
朱子学	林羅山	徳川家康の侍講として仕え，幕府の学問の主流となる
陽明学	熊沢蕃山	『大学或問』で幕府批判
古学	荻生徂徠	8代徳川吉宗に用いられ，『政談』を著す
歴史学	新井白石	徳川政権の正当性などを述べた歴史書『読史余論』を著す
	徳川光圀	『大日本史』編纂。江戸幕府滅亡後も続き，完成は1906年
本草学	貝原益軒	動物・鉱物・植物を分類解説した『大和本草』を著す
農学	宮崎安貞	日本初の体系的な農書『農業全書』を著す
数学（和算）	関孝和	和算を大成，和算書『発微算法』を著す
天文学	渋川春海（安井算哲）	日本独自の暦である貞享暦を完成

天文観測や編暦などをおこなう幕府の天文方として採用される。

THEME 37　POINT

- ◎ 上方を中心に元禄文化が栄えた。井原西鶴の浮世草子や 菱川師宣の浮世絵版画，松尾芭蕉の蕉風俳諧。近松門左衛門は歌舞伎や人形浄瑠璃の脚本を書く。

- ◎ 幕府や藩は朱子学を重視。孔子や孟子の真意に直接立ち返ろうとする古学も誕生。

CHAPTER 06

History from
the Azuchi-Momoyama
to the Edo Period

THEME

38

Coffee Time
Discovery

JAPANESE HISTORY

財政難に立ち向かう 徳川吉宗の享保の改革

紀伊藩主の徳川吉宗が8代将軍に

　1716年に7代将軍徳川家継が8歳で死去した。これで徳川宗家（本家）が途絶え，三家の紀伊藩主である**徳川吉宗**が8代将軍となった。幕府の財政再建を目指した徳川吉宗による幕政改革を**享保の改革**という。

吉宗による大胆な人材登用や財政再建

　吉宗は新井白石を罷免し，側用人による側近政治もやめて将軍の意思を政治に反映させた。将軍家の安定も図り，田安家と一橋家をおこさせた。これらと清水家とあわせた三家を三卿という。

　吉宗は旗本で町奉行となった**大岡忠相**ら有能な人材を登用したほか，足高の制を実施し，才能のある少禄の者の登用をしやすくした。また，キリスト教関係以外の漢訳洋書の輸入制限を緩和し，青木昆陽らにオランダ語を習得させた。1719年には相対済し令を発布し，増加した金公事（金銀貸借の争い）を幕府に訴えるのではなく当事者間で解決させて訴訟事務の軽減を図った。また1722年から**上げ米**という政策を実施し，大名から石高1万石につき100石の割合で米を臨時に上納させるかわりに，参勤交代の江戸での滞在期間を半年にして大名の負担を軽減した。倹約令も出され支出削減が図られた。1742年には裁判や刑の基準を定めた**公事方御定書**を制定した。

　また，年貢率を引上げようと従来の検見法から定免法が採用され，収入も増加した。米価格の安定化のため，大坂の堂島米市場を公認した。甘藷（さつまいも）の栽培なども奨励し，青木昆陽に甘藷を普及させて飢饉に備えた。

　ほかにも庶民の意見を参考にするため，評定所に目安箱が設置され，その意見により貧民の医療施設である小石川養生所が設置された。また，広小路の設置や町火消を組織させるなど，防火政策を進めた。

徳川吉宗による享保の改革

> 江戸幕府8代将軍の徳川吉宗は，米価調整や年貢増徴に特に力を入れたことから「米将軍」とも呼ばれた。

享保の改革のおもな政策

人材登用	大岡忠相などの有能な人材を抜擢
	足高の制…在職中のみ石高を加増し，下級の旗本も登用しやすくする
財政再建・法整備	相対済し令…金銀貸借の争いを当事者間で解決させて訴訟事務の軽減
	上げ米…大名に石高1万石につき100石の割合で米を上納させ，代わりに参勤交代の江戸滞在期間を半分にした
	公事方御定書…1742年に完成。裁判や刑の基準を定めた
	年貢の増徴や新田開発の奨励
	米価格の安定化…大坂堂島米市場の公認
都市政策	目安箱…投書箱。将軍自身が開封して内容を確認した
	小石川養生所…貧民の医療施設。目安箱の投書により設置される
	町火消…消防組織。「いろは」47組（のちに48組）の火消組合

THEME 38 **POINT**

- ✐ 8代将軍徳川吉宗が享保の改革を実施。大岡忠相など有能な人材を登用した。
- ✐ 上げ米で大名に米を臨時に上納させるかわりに参勤交代での負担を軽減。
- ✐ 裁判や刑の基準を定めた公事方御定書。目安箱を設置し庶民の意見を聞く。

CHAPTER 06

History from
the Azuchi-Momoyama
to the Edo Period

THEME

39

Coffee Time
Discovery

JAPANESE HISTORY

飢饉が多発する江戸時代

増加する百姓一揆や打ちこわし

18世紀後半，農村では農民の貧富の差が拡大した。村では困窮した百姓の土地を質にとって地主となり，小作料をとる豪農と呼ばれる有力百姓が生まれた。一方で，田畑を失った百姓が都市部に流出するなどし，村役人の不正を追及する村方騒動も頻発した。

百姓一揆では，17世紀後半から村の代表者が村の要求をまとめて領主に直訴する代表越訴型一揆が増加し，代表者が義民として伝説化した。17世紀末には村民の集団による惣百姓一揆が起こり，主謀者が誰かわからないようにするために放射状に署名する傘連判状もつくられた。天候不順などで享保の飢饉や天明の飢饉，天保の飢饉がおこって餓死者が多数発生し，都市部では貧しい民衆が米商人などを襲う打ちこわしが多発した。

商業を重視し財政再建を目指した田沼

1772年には**田沼意次**が側用人から老中となり，幕府の財政再建のために改革に乗り出した。田沼意次は年貢偏重の財政を改め，商業も重視し，**株仲間**を積極的に公認して営業税である運上・冥加を徴収した。貨幣制度の金中心化もはかった。また，商人資本での大規模干拓による新田開発も印旛沼・手賀沼で開始したが，利根川の大洪水で失敗した。

田沼は貿易にも熱心で，長崎貿易での銅や俵物（いりこ・ふかひれ・干しあわびなど）の輸出を奨励した。また，ロシア人との交易の可能性を確認するため，最上徳内らを蝦夷地に派遣し蝦夷地開発を計画した。しかし，賄賂や縁故人事の横行，飢饉による百姓一揆や打ちこわしが頻発する世相の中，田沼意次の子で若年寄の田沼意知が暗殺され，田沼意次も1786年に老中を罷免された。

📖 江戸の飢饉

享保の飢饉では
いなごやうんかが
大発生して稲に
大きな被害が出
た。また，天明の
飢饉では浅間山
が大噴火した。

🖊 百姓一揆の件数の推移

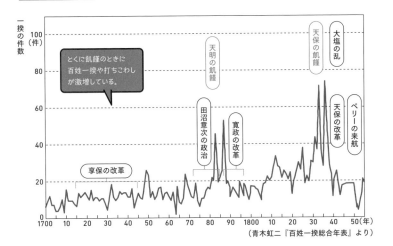

とくに飢饉のときに
百姓一揆や打ちこわし
が激増している。

一揆の件数（件）

天明の飢饉

田沼意次の政治

寛政の改革

享保の改革

天保の飢饉

大塩の乱

天保の改革

ペリーの来航

1700 10 20 30 40 50 60 70 80 90 1800 10 20 30 40 50(年)

（青木虹二『百姓一揆総合年表』より）

THEME 39 POINT

- 代表者が要求をまとめて直訴する代表越訴型一揆，村民集団による惣百姓一揆。
- 享保の飢饉や天明の飢饉などがおこり多くの餓死者が出て，打ちこわしも多発。
- 田沼意次は株仲間の結成をすすめ営業税を徴収。賄賂の横行などで罷免された。

CHAPTER 06

History from
the Azuchi-Momoyama
to the Edo Period

THEME

40

0
Coffee Time
Discovery

JAPANESE HISTORY

読み・書き・そろばんを 学んだ寺子屋

識字率の向上や貸本屋の普及で文学が身近に

18世紀後半を中心に裕福な百姓や町人らを担い手とした文化や学問が登場した。一般庶民に読み書きそろばんを教える**寺子屋**により識字率が向上し，読書する人々も全国で増加した。藩でも藩士らの教育を担う**藩校（藩学）**が設立され，藩の援助を受け，藩士や庶民の教育を担う郷校（郷学）も設立された。民間でも伊藤仁斎による古義堂，荻生徂徠による蘐園塾などの**私塾**が開かれた。

この頃貸本屋が普及し，本屋の耕書堂を開業した蔦屋重三郎はさまざまな出版物を刊行した。小説では江戸遊里での遊びを描く洒落本が流行した。しかし，寛政の改革で洒落本や黄表紙が取り締まられ，出版元の蔦屋重三郎，作家の山東京伝・恋川春町らは弾圧された。

俳諧では**与謝蕪村**が絵画的描写で俳句をよみ，**川柳**や世相を風刺する**狂歌**もさかんとなって大田南畝（蜀山人）らが活躍した。

浮世絵版画は，**鈴木春信**により一枚刷りの**錦絵**（多色刷浮世絵版画）が描かれた。『婦女人相十品』などを描いた喜多川歌麿，役者絵などを描いた東洲斎写楽が活躍した。写生画では円山応挙が立体感のある写生画を描いた。

蘭学では杉田玄白ら，国学では本居宣長が活躍

学問では，蘭学（オランダ語を通じた学問）が発達し始め，これはのちに洋学となった。藩医の**前野良沢**や**杉田玄白**らはドイツで出版された医学解剖書をオランダ語訳した『ターヘル゠アナトミア』を翻訳して1774年に『**解体新書**』として出版した。

実証的な日本の古典研究も進み，『古事記』や『日本書紀』の研究などを通して古道（日本古来の道）を説く**国学**となった。賀茂真淵に学んだ**本居宣長**は『古事記伝』を著し，日本古来の精神への復古を主張した。

🚩 宝暦・天明期の文化

東洲斎写楽は, たった1年間で約140点の役者絵とわずかの相撲絵を描いたといわれる。

✏️ 江戸中期～後期の諸学問

蘭学・洋学	平賀源内…長崎遊学後に, 摩擦発電機（エレキテル）などを製作	
	前野良沢…中津藩医。杉田玄白らと『解体新書』訳述	
	杉田玄白…小浜藩医。前野良沢らと『解体新書』訳述	
国学	賀茂真淵…外来思想を排除した古典の研究を主張	
	本居宣長…賀茂真淵に学び, 『古事記伝』を著す	

『解体新書』

THEME 40　**POINT**

🔖 一般庶民に読み書きそろばんを教える寺子屋, 藩士らの教育を担う藩校が設立。

🔖 俳諧で与謝蕪村が活躍。川柳や狂歌もさかん。鈴木春信により錦絵が描かれた。

🔖 蘭学では杉田玄白らが『解体新書』, 国学では本居宣長が『古事記伝』を出版。

CHAPTER 06
History from
the Azuchi-Momoyama
to the Edo Period

THEME
41

Coffee Time
Discovery
JAPANESE HISTORY

厳しすぎて反感を買う
寛政の改革

あまりにもまじめすぎた寛政の改革

11代将軍徳川家斉の時代に白河藩主**松平定信**が老中に就任した。松平定信による幕政改革を**寛政の改革**という。まず荒廃した農村の復興のため出稼ぎを制限し，凶作に備えて各地に米穀を蓄える社倉・義倉をつくらせた。都市政策では，治安を守るため無宿人を強制収容する**人足寄場**を設置し職業訓練をおこなわせた。給付金を与えて農村に帰ることを促す旧里帰農令や町費節約分の7割を積み立てる七分積金も実施した。また，旗本・御家人の生活の保障のため，商人からの借金を帳消しにする棄捐令も出した。

ほかにも，聖堂学問所で古学や陽明学などの異学の講義・研究を禁じる**寛政異学の禁**を発布し，武士らに朱子学を学ばせた。出版も統制し，風俗の乱れや幕府批判者を弾圧した。

しかし，田沼政治を粛正し，倹約を重視した厳しい諸政策による統制は，民衆の反発をまねくこととなった。

外国船が次々と日本に接近！

18世紀から19世紀前半にかけて外国船が日本に接近するようになり，その対応が幕府の課題の一つとなっていた。1792年にはロシアの**ラクスマン**が根室に来航し，日本人漂流民を送り届けて通商を要求したが，幕府に拒否された。その後，ロシアの正式使節**レザノフ**が長崎に来航したが追い返されたため，択捉島などを攻撃した。また，国後島に上陸したロシアのゴローウニンが日本に捕らえられ，これに対してロシアが択捉島航路を開いた商人である高田屋嘉兵衛を抑留するというゴローウニン事件も起こった。ほかにもイギリスの軍艦が長崎湾に侵入する**フェートン号事件**が起こった。こうした情勢をみて幕府は1825年に，日本に接近する外国船を撃退することを命じた**異国船打払令（無二念打払令）**を発布した。

📍江戸時代

```
├────────────┼────────────┼────────────┼──────▨▨▨─┤
B.C. 0 A.D.      500          1000          1500         2000
```

📖 寛政の改革

倹約!
出版統制

統制があまりにも厳しすぎたため、「白河の清きに魚の住みかねてもとのにごりの田沼恋しき」という狂歌がよまれた。

📖 18世紀〜19世紀初頭の外国船の接近や事件

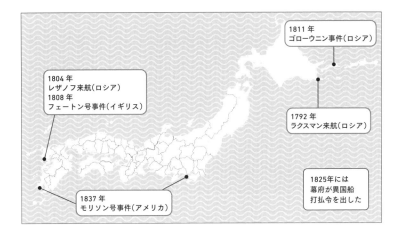

1811年
ゴローウニン事件(ロシア)

1804年
レザノフ来航(ロシア)
1808年
フェートン号事件(イギリス)

1792年
ラクスマン来航(ロシア)

1837年
モリソン号事件(アメリカ)

1825年には
幕府が異国船
打払令を出した

[THEME 41] **POINT**

- ◎ 松平定信による寛政の改革。出稼ぎを制限し米穀を蓄える社倉・義倉を設置。
- ◎ ほかにも聖堂学問所での朱子学以外の講義・研究を禁じる寛政異学の禁を発布。
- ◎ 外国船が接近するようになったため,その撃退を命じる異国船打払令を発布。

CHAPTER 06

History from
the Azuchi-Momoyama
to the Edo Period

THEME

42

0
Coffee Time
Discovery

JAPANESE HISTORY

大塩の乱と天保の改革

幕府に大きな衝撃を与えた大塩の乱

11代将軍徳川家斉は将軍職を徳川家慶に譲った後も大御所として実権を握る大御所政治をおこなった。

国内では1832年頃から**天保の飢饉**が発生し，多くの餓死者を出した。特に米不足の地域では大規模一揆が発生した。大坂町奉行所の元役人で陽明学者の**大塩平八郎**は貧民救済のため1837年に門弟らと大坂で乱を起こした（大塩の乱）。すぐに鎮圧されたものの，幕府に衝撃を与え，天保の改革の契機となった。またその影響は全国に波及し，越後柏崎でも国学者の生田万が大塩門弟を称して生田万の乱を起こした。

天保の改革は2年余りで失敗に終わる

この頃，対外関係でも幕府は大きな問題を抱えていた。1837年にアメリカ商船が日本人漂流民を送還しようとしたが砲撃される**モリソン号事件**が起こった。渡辺崋山と高野長英はこの対応を批判し処罰された（**蛮社の獄**）。

1841年に12代将軍徳川家慶のもとで老中**水野忠邦**が**天保の改革**をおこない，政治の立て直しをはかった。まず倹約令を発しぜいたくを禁止した。また，百姓の江戸への出稼ぎを禁じて流入者の帰村を強制する人返しの法を発布し，天保の飢饉で荒れた農村の復興を図った。さらに，物価上昇の原因は株仲間の流通独占にあるとして株仲間を解散させたが，実際は生産地から上方市場への流通量減少が原因であり，かえって流通を混乱させ逆効果となった。

アヘン戦争で清の劣勢を知った幕府は，異国船打払令を緩和させ，1842年に漂着外国船に薪水や食料を与える天保の**薪水給与令**を発布した。1843年には財政安定化と対外防備のために上知令で江戸・大坂周辺を直轄地にしようとしたが，譜代大名や旗本に反対され，水野忠邦は失脚した。

大塩の乱

天保の飢饉

⬇

大塩の乱

1837年に大坂町奉行所元与力で陽明学者の大塩平八郎が，自身の私塾洗心洞の門弟らと武装蜂起。半日で鎮圧されたが，各地に波紋が広がる。

大塩平八郎

 ## 天保の改革

風紀の引き締め	風俗取締令…芝居や出版統制。 日常の衣食住についてもぜいたくを禁止した。
おもな政策・制度	人返しの法…江戸への出稼ぎを禁じて流入者の帰村を強制
	株仲間の解散…物価騰貴は株仲間が原因と判断 実際は別の原因であったため失敗。
	上知令…江戸・大坂周辺の約50万石を直轄地化。 反対で実施できなかった。
外交	薪水給与令…アヘン戦争で清の劣勢を目の当たりにし，異国船打払令を緩和した

THEME 42 **POINT**

🖊徳川家斉による大御所政治。天保の飢饉が発生し，大塩の乱が起こる。

🖊老中水野忠邦による天保の改革。株仲間を解散させたがかえって流通は混乱。

🖊江戸・大坂周辺を直轄地にしようと上知令を出すが譜代大名らに反対され失脚。

CHAPTER 06

History from
the Azuchi-Momoyama
to the Edo Period

THEME

43

Coffee Time
Discovery

JAPANESE HISTORY

薩長土肥などの雄藩の台頭

🍵 二宮尊徳や大原幽学らによる農村復興の試み

　天保の飢饉前後から，年貢収入を基礎とする幕藩体制は不安定となる。二宮尊徳（金次郎）や，大原幽学らの農政家が活躍し，農村の復興を図った。また，自由な流通を求める百姓や在郷商人は，流通を独占する株仲間などに広範囲の訴訟である国訴をするなどした。19世紀になると，地主や問屋（商人）が工場をつくり労働者（奉公人）を集めて分業・協業で製品を生産する**工場制手工業（マニュファクチュア）**もおこなわれた。

🍵 改革に成功した雄藩が発言力をもつようになる

　寛政の改革の頃，財政の立て直しと藩の自立などを目指し，諸藩でも藩政改革がおこなわれた。秋田藩の佐竹義和，熊本藩の細川重賢，米沢藩の上杉治憲らが名君と呼ばれ，新田開発や特産物の生産を奨励したり，**藩校**を設立したりした。藩校には，秋田藩の明徳館，米沢藩の興譲館，水戸藩の弘道館，長州（萩）藩の明倫館，熊本藩の時習館などがある。

　天保期の頃にも藩政改革がなされ，改革に成功して強い発言力をもつ存在となった藩（雄藩）が登場した。薩摩藩では，巨額負債の整理や，奄美三島の黒砂糖の専売強化，琉球王国を通して俵物を清に売る密貿易などで財政再建がなされた。また薩摩藩主島津斉彬は溶鉱炉の一種である**反射炉**や，藩営工場の集成館を建造した。長州藩では，紙や蠟の専売制の再編成，そして下関に金融兼倉庫業の越荷方を設置して収益を拡大し，財政を再建した。肥前（佐賀）藩では藩主の**鍋島直正**が改革を実施し，町人地主の土地の一部を藩に返上させる均田制で本百姓体制の再建をはかった。また陶磁器（有田焼など）の専売制をおこない，反射炉を備えた大砲製造所も設置した。土佐（高知）藩では改革派の「おこぜ組」が財政緊縮をおこなうなどした。この薩摩・長州・土佐・肥前のことを総称して**薩長土肥**ともいう。

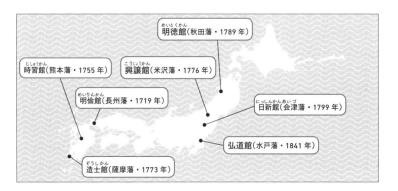

江戸時代

B.C. 0 A.D. 500 1000 1500 2000

🏳 おもな藩校MAP

明徳館(秋田藩・1789年)

時習館(熊本藩・1755年)

興譲館(米沢藩・1776年)

明倫館(長州藩・1719年)

日新館(会津藩・1799年)

弘道館(水戸藩・1841年)

造士館(薩摩藩・1773年)

✏ 諸藩の改革

時期	藩	おもな人物など	内容
17世紀 後半頃	岡山藩	池田光政	陽明学者熊沢蕃山を招く
	会津藩	保科正之	朱子学者山崎闇斎を招く
	加賀藩	前田綱紀	朱子学者木下順庵を招く
18世紀 後半頃	秋田藩	佐竹義和	明徳館を設立
	熊本藩	細川重賢	時習館を設立
	米沢藩	上杉治憲	興譲館を設立
19世紀 前半頃	薩摩藩	調所広郷, 島津斉彬	財政再建や反射炉の建設
	長州藩	村田清風	下関に越荷方を設置して収益を拡大
	土佐藩	おこぜ組	支出の緊縮による財政再建
	肥前藩	鍋島直正	本百姓体制再建のため均田制の実施

THEME 43 **POINT**

- 二宮尊徳や大原幽学が農村の復興をはかる。工場制手工業も始まる。

- 寛政の改革の頃に藩政改革。米沢藩の上杉治憲らは名君と呼ばれ,藩校が設立。

- 天保期の頃には藩政改革に成功した雄藩(薩長土肥など)が台頭した。

CHAPTER 06
History from
the Azuchi-Momoyama
to the Edo Period

THEME
44

Coffee Time
Discovery
JAPANESE HISTORY

ゴッホにも影響を与えた
日本の浮世絵

江戸の町人の好みを反映して誕生した化政文化

文化・文政期（1804～29年頃）の，江戸の庶民や町人が担い手となった文化を**化政文化**という。洒落や通，粋を好む江戸趣味がさかんになった。

文学では，滑稽本で『浮世風呂』の式亭三馬，『東海道中膝栗毛』の**十返舎一九**，恋愛ものの人情本で『春色梅児誉美』の為永春水，長編小説で合巻『偐紫田舎源氏』の柳亭種彦がいた。為永春水や柳亭種彦は天保の改革で処罰された。読本では『雨月物語』の上田秋成，『南総里見八犬伝』の**曲亭（滝沢）馬琴**がいた。俳諧では『おらが春』の**小林一茶**が活躍。

美術では，浮世絵で『富嶽三十六景』の**葛飾北斎**，『東海道五十三次』の**歌川（安藤）広重**らの風景画が普及した。浮世絵はのちにモネやゴッホら西欧の印象派に影響を与えた。文人画では田能村竹田や『鷹見泉石像』の渡辺崋山らが活躍した。

常設の歌舞伎劇場の芝居小屋が設置され，落語や講談などの寄席も開かれ，狂言作者の河竹黙阿弥や『東海道四谷怪談』の鶴屋南北らが活躍した。民衆の間では伊勢神宮への集団参詣である御蔭参りなどもさかんだった。

日本各地で学問・思想が発達

学問では，海保青陵や本多利明など政治や社会，経済のよりよいあり方を説く経世家の活動が活発になった。水戸藩主徳川斉昭を中心に学者が尊王攘夷論を説いた。学者による私塾も各地で設けられ，儒学者広瀬淡窓が豊後日田に咸宜園を，蘭学者緒方洪庵が大坂に適々斎塾（適塾）を，吉田松陰の叔父が長門萩に**松下村塾**を，ドイツ人**シーボルト**が長崎郊外に**鳴滝塾**を開いた。

また全国日本地図の「大日本沿海輿地全図」が全国の沿岸を測量した**伊能忠敬**らにより完成された。

江戸後期の諸学問

学問・研究	経世論	海保青陵…『稽古談』を著す
		本多利明…『西域物語』・『経世秘策』を著す
	国学	平田篤胤…復古神道を大成
	地図	伊能忠敬…沿岸を測量し「大日本沿海輿地全図」を作成
水戸学	前期水戸学	徳川光圀の時代…大義名分論により尊王斥覇論を展開
	後期水戸学	徳川斉昭の時代…尊王斥覇により尊王攘夷論を展開
私塾	咸宜園	豊後日田で儒学者広瀬淡窓が設立
	適々斎塾	大坂で緒方洪庵が設立した蘭学塾。福沢諭吉や大村益次郎らを輩出
	松下村塾	長門萩で吉田松陰の叔父が設立。高杉晋作ら輩出
	鳴滝塾	長崎郊外でドイツ人シーボルトが設立した医学塾

 化政文化

葛飾北斎は多くの浮世絵を残した。『富嶽三十六景』の「神奈川沖浪裏」などが特に有名。

ゴッホやモネは日本の浮世絵の大胆な構図や色使いを参考にして「ジャポニスム」と呼ばれた。

THEME 44 POINT

- 文化・文政期頃に庶民や町人が担い手となって化政文化が栄えた。
- 徳川斉昭を中心に学者が尊王攘夷論を説く。緒方洪庵の適々斎塾などの私塾。
- 『富嶽三十六景』の葛飾北斎，『東海道五十三次』の歌川広重らの風景画が普及。

CHAPTER 06

History from
the Azuchi-Momoyama
to the Edo Period

THEME

45

Coffee Time
Discovery

JAPANESE HISTORY

黒船が浦賀にやってきた！

ペリーにせまられた幕府はついに開港

　アメリカは日本を捕鯨船の寄港地と清との貿易の中継地とするため，日本に開国を強く要求し，1853年に**ペリー**が開国を求めて軍艦（「黒船」）4隻で浦賀に来航した。日本は大きな衝撃を受け，老中首座の阿部正弘は朝廷や諸大名に意見を聞き，前水戸藩主徳川斉昭の幕政参画，江戸湾への台場（砲台）築造，大船建造の解禁など安政の改革を実施した。そして翌年のペリーの再来航で**日米和親条約**を結ぶこととなった。この条約で下田・箱館の開港と，アメリカ船への水や燃料の供給を認めた。また，アメリカに一方的な最恵国待遇を与えた。さらに幕府はイギリス・ロシア・オランダとも似た内容の和親条約を締結した。

通商条約の締結で貿易が始まる

　1856年，初代アメリカ総領事**ハリス**が来日し，老中首座堀田正睦に通商条約締結を求め，大老**井伊直弼**は朝廷の許可を得ないまま**日米修好通商条約**に1858年に調印した。これは神奈川・長崎・箱館・新潟・兵庫の開港，外国人居留地の設置や自由貿易，アメリカに**領事裁判権**を認める治外法権，日本に**関税自主権**のない協定関税などを定めた不平等条約だった。ついでオランダ・ロシア・イギリス・フランスとも類似の条約を結んだ。

　通商条約を締結したことで，欧米諸国との自由な貿易が横浜（神奈川）・長崎・箱館で開始された。アメリカは国内で南北戦争が起きたため，国別の輸出入額はイギリスが最も多く，生糸・茶などを輸出し，毛織物・綿織物や軍需品が輸入された。また，日本と海外とでは金銀の交換比率が異なっていたことから，金貨が海外に大量流出して経済が混乱した。米や日用品などの物価の上昇は人々の生活を圧迫し，欧米を武力で撃退しようとする**攘夷運動**の一因となった。

江戸時代

B.C. 0 A.D.　　500　　　1000　　　1500　　　2000

黒船来航

アメリカは日本の港を使って清との貿易に力を入れたいと考えていた。ペリーは浦賀来航前に琉球と小笠原諸島も訪れた。

開国シナサーイ

日米和親条約と日米修好通商条約の開港地

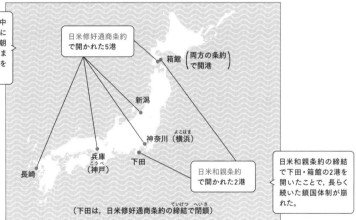

大老井伊直弼は，中国が戦争で英・仏に負けたことを知り，朝廷の許可を得ないまま日米修好通商条約を結んだ。

日米修好通商条約で開かれた5港

箱館　両方の条約で開港

新潟

神奈川（横浜） よこはま

兵庫 こうべ（神戸）

下田

長崎

日米和親条約で開かれた2港

日米和親条約の締結で下田・箱館の2港を開いたことで，長らく続いた鎖国体制が崩れた。

（下田は，日米修好通商条約の締結で閉鎖） ていけつ へいさ

THEME 45 **POINT**

● ペリーが開国を求めて浦賀に来航。老中首座阿部正弘は安政の改革を実施した。

● 1854年に日米和親条約を結び，下田・箱館を開港して日本は開国した。

● 1858年に日米修好通商条約を結んで貿易を開始。この条約は不平等条約だった。

CHAPTER 06

History from
the Azuchi-Momoyama
to the Edo Period

THEME

46

Coffee Time
Discovery

JAPANESE HISTORY

幕末の動乱と江戸幕府の終焉

☕ 公武合体を図る幕府と攘夷の不可能を知る薩長

　13代将軍徳川家定の将軍継嗣問題で，**徳川慶喜**を推す一橋派と徳川慶福を推す南紀派が対立した。徳川慶福は徳川家茂に改名し14代将軍となった。大老井伊直弼は幕府政治を批判した吉田松陰らを**安政の大獄**で処罰したが，1860年，それに反発した元藩士により**桜田門外の変**で暗殺された。

　その後，幕府は朝廷を利用して権威の立て直しを図ろうと**公武合体政策**をとり，孝明天皇の妹和宮を徳川家茂の妻に迎えた。1862年に薩摩藩の島津久光は幕政改革を要求し，幕府は松平慶永を政事総裁職に，徳川慶喜を将軍後見職に，会津藩主松平容保を京都守護職に任命した（文久の改革）。京都守護職の指揮下におかれた新選組は尊王攘夷派制圧のため活動した。

　一方，尊王攘夷の考えの長州藩は1863年に下関で外国船を砲撃した翌年，英・仏・米・蘭の連合艦隊から報復攻撃を受けたため（四国艦隊下関砲撃事件），攘夷の考えを改め木戸孝允（桂小五郎）らが藩の実権を握った。同じ頃薩英戦争でイギリスの軍事力を目の当たりにした薩摩藩も攘夷は不可能と判断し，**西郷隆盛**や**大久保利通**らが藩の中心となり改革を進めた。

☕ 徳川慶喜が大政奉還を上表し，幕府は滅亡

　長州藩の高杉晋作は奇兵隊を率いて藩論を倒幕に切りかえると，土佐の**坂本龍馬**らの仲介で，1866年に薩長両藩は**薩長連合（薩長同盟）**を密約した。

　1867年，15代将軍徳川慶喜は前土佐藩主山内豊信を通じて政権返還を勧められ，朝廷へ大政奉還を上表した。これに対し薩長両藩と公家の岩倉具視らは**王政復古の大号令**を発し，天皇を中心とする新政府の樹立を宣言した。旧幕府側は反発し，新政府軍との間で**鳥羽・伏見の戦い**が起こる。新政府軍は西郷隆盛と勝海舟の交渉で江戸城を無血開城させ，奥羽越列藩同盟で対抗する東北諸藩を破り，五稜郭の戦いでも勝利した（**戊辰戦争**）。

江戸時代

| B.C. | 0 A.D. | 500 | 1000 | 1500 | 2000 |

幕末の動乱の流れ

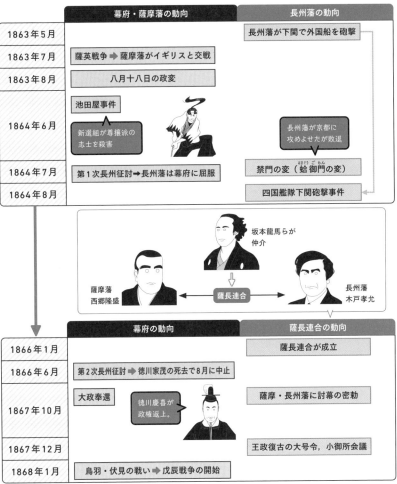

	幕府・薩摩藩の動向	長州藩の動向
1863年5月		長州藩が下関で外国船を砲撃
1863年7月	薩英戦争 ➡ 薩摩藩がイギリスと交戦	
1863年8月	八月十八日の政変	
1864年6月	池田屋事件 / 新選組が尊攘派の志士を殺害	長州藩が京都に攻めよせたが敗退 / 禁門の変（蛤御門の変）
1864年7月	第1次長州征討➡長州藩は幕府に屈服	
1864年8月		四国艦隊下関砲撃事件

坂本龍馬らが仲介

薩摩藩 西郷隆盛 ◀— 薩長連合 —▶ 長州藩 木戸孝允

	幕府の動向	薩長連合の動向
1866年1月		薩長連合が成立
1866年6月	第2次長州征討 ➡ 徳川家茂の死去で8月に中止	
1867年10月	大政奉還 / 徳川慶喜が政権返上。	薩摩・長州藩に討幕の密勅
1867年12月		王政復古の大号令，小御所会議
1868年1月	鳥羽・伏見の戦い ➡ 戊辰戦争の開始	

THEME 46 POINT

- 大老井伊直弼は安政の大獄で反対派を処罰したが，桜田門外の変で暗殺された。
- 長州藩と薩摩藩は攘夷の不可能を知って倒幕へ向かい，薩長連合を密約した。
- 15代将軍徳川慶喜は大政奉還を上表。朝廷は王政復古の大号令を発する。

| C H E C K |
確 認 問 題
◆ 安 土 桃 山 〜 江 戸 時 代 ▶

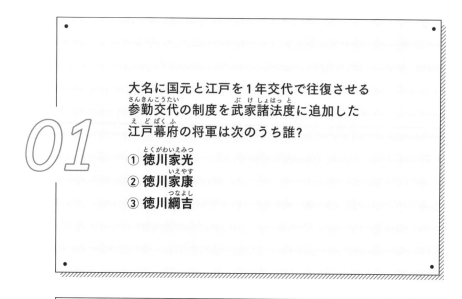

01

大名に国元と江戸を1年交代で往復させる
参勤交代（さんきんこうたい）の制度を武家諸法度（ぶけしょはっと）に追加した
江戸幕府（えどばくふ）の将軍は次のうち誰？

① 徳川家光（とくがわいえみつ）
② 徳川家康（いえやす）
③ 徳川綱吉（つなよし）

02

人形浄瑠璃（じょうるり）などの脚本を書いた近松門左衛門（ちかまつもんざえもん）や
蕉風俳諧（しょうふうはいかい）を確立した松尾芭蕉（まつおばしょう）などが
活躍した頃の文化は次のうちどれ？

① 化政文化（かせい）
② 元禄文化（げんろく）
③ 桃山文化（ももやま）

旗本・御家人の借金を帳消しにする棄捐令や，
無宿人を強制収容する人足寄場の設置など，
老中松平定信がおこなった改革は次のうちどれ？

① 寛政の改革
② 天保の改革
③ 享保の改革

アメリカの領事裁判権を認め，
日本に関税自主権のない不平等条約の
日米修好通商条約に調印した
江戸幕府の大老は次のうち誰？

① 勝海舟
② 田沼意次
③ 井伊直弼

答え ▷ P.188

Coffee Time
Discovery

⅀ JAPANESE HISTORY ⅀

07

History of the Meiji Period

明治時代

| 7000000 | 10000 | B.C. 0 A.D. | 500 | 1000 | 1500 | 2000 |

明治政府は欧米諸国に負けない力をつけるため，
「富国強兵」を掲げて，三大改革を行い殖産興業に力を入れた。
都市を中心に文明開化の動きが起き，人びとは西洋風の髪型にして，
街中にはれんがづくりの建物が増え，鉄道馬車や人力車が走った。
力をつけた日本は清やロシアとの戦争に勝利し，
江戸時代末期に結ばれた不平等条約の改正にも成功する。
こうして日本は列強の一員となったのである。
ここで挙げたことのほかにも，大日本帝国憲法の制定や議会の開設，
産業革命や社会問題などについても見ていこう。

CHAPTER 07

History of
the Meiji Period

THEME
47

Coffee Time
Discovery

JAPANESE HISTORY

近代国家を目指した明治新政府

中央集権化を目指し版籍奉還や廃藩置県を実施

　明治新政府は1868年に**五箇条の誓文**で新しい政治の基本方針を明示した。民衆向けにはキリスト教禁止など旧幕府政策を引き継ぐ**五榜の掲示**も出された。年号も明治と改元して**一世一元の制**を定めた。

　新政府は近代国家建設のために中央集権化を進めた。まず，1869年に，大名が天皇へ領地領民を返還する**版籍奉還**をおこなった。しかし藩の政治は旧藩主がそのまま担ったため，効果があまりなかった。そこで，1871年に藩を廃止して県を置き（**廃藩置県**），中央から府知事や県令を派遣して統治した。官制も再度変更されて太政官は三院制（正院・左院・右院）となり，正院は三大臣と参議らで構成された。神祇官は廃止され神祇省となった。この頃の政府内部は薩長土肥出身者らによる**藩閥政府**であった。

　身分制度では藩主・公家を華族，藩士・旧幕臣を士族，百姓・町人・えた・非人らを平民とした。1876年には帯刀を禁止する廃刀令も出され，士族はおもな特権を失った。

明治維新の三大改革とは？

　廃藩置県で中央集権国家の基盤が整うと，新政府は特に教育・兵制・税制の3つの改革を進めた。教育では，1872年に**学制**が公布され小学校教育の普及が目指された。兵制では，1872年に「血税」と記載された徴兵告諭が出され，1873年に満20歳以上の男子に兵役を負わせる**徴兵令**が公布された。税制では，年貢による徴収は凶作のときに税収が減ることがあるため，**地券**に記された土地所有者に地価の3％を地租として現金で納税させる**地租改正**を1873年から実施した。これにより政府の財政は安定した。しかし，負担軽減を求めた農民の地租改正反対一揆が起こるようになり，1877年に政府は地租を地価の2.5％に引き下げた。

廃藩置県後の三院制

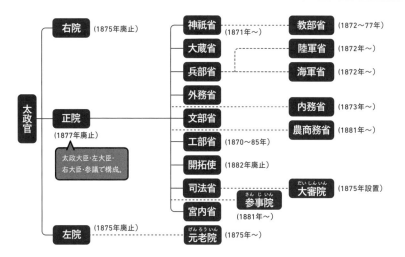

太政官 ── 右院 (1875年廃止)

正院 (1877年廃止)
太政大臣・左大臣・右大臣・参議で構成。

左院 (1875年廃止)

神祇省 (1871年〜) ┄┄ 教部省 (1872〜77年)
大蔵省
兵部省 ┄┄ 陸軍省 (1872年〜)
海軍省 (1872年〜)
外務省
文部省 ┄┄ 内務省 (1873年〜)
農商務省 (1881年〜)
工部省 (1870〜85年)
開拓使 (1882年廃止)
司法省 ┄┄ 大審院 (1875年設置)
参事院 (1881年〜)
宮内省
元老院 (1875年〜)

✎ 明治維新の三大改革

分野	政策	内容
教育	学制	国民の教育水準を底上げするため，6歳以上の男女すべてに小学校教育（授業料は自己負担）
兵制	徴兵令	20歳以上の男子に3年間の兵役を義務づけ
税制	地租改正	地価の3％を現金で納める ➡反対の一揆を受けて2.5％に

THEME 47 **POINT**

◈ 明治新政府は五箇条の誓文で政治の基本方針を示す。民衆向けには五榜の掲示。

◈ 中央集権化のために版籍奉還，のちに廃藩置県をおこない府知事・県令を派遣。

◈ 教育では学制，軍事では徴兵令を公布。税収の安定のために地租改正をおこなう。

CHAPTER 07

History of
the Meiji Period

THEME

48

Coffee Time
Discovery
JAPANESE HISTORY

「ザン切り頭を叩いてみれば 文明開化の音がする」

「富国」と「強兵」を実現するために

新政府は**富国強兵**のスローガンの下，近代産業を育成する**殖産興業**に力を入れた。1870年には工部省が設置され，1872年に鉄道が新橋・横浜間に敷設された。通信では，前島密の立案により郵便制度も創業された。また，政府は生糸の増産をはかるため，官営模範工場の**富岡製糸場**を建設した。

貨幣制度では1871年に新貨条例を公布，単位が円・銭・厘の新硬貨がつくられた。翌年には**渋沢栄一**が中心となり国立銀行条例が制定された。

明治初期には欧米の文化の流入により都市部を中心に伝統的な生活や思想に変化がみられた（**文明開化**）。都市部ではれんが造りの建物や鉄道馬車などがみられ，牛肉を食す文化はこの頃広がった。**福沢諭吉**は『学問のすゝめ』で欧米の自由や平等の思想を紹介した。

周辺諸国と近代的な国際関係を構築

新政府は幕末に結んだ不平等条約の改正を目指し，1871年に岩倉使節団（大使：岩倉具視）を派遣したが，改正交渉は失敗し欧米を視察して帰国した。使節団には大久保利通・木戸孝允・伊藤博文らの副使や，女子英学塾（のちの津田塾大学）設立者津田梅子らの留学生もいた。

周辺諸国とは，条約に基づく近代的な国際関係を築いていった。清とは1871年に最初の対等条約となる**日清修好条規**を結んだ。ロシアとは1875年に樺太をロシア領，千島全島を日本領とする**樺太・千島交換条約**を結んだ。朝鮮とは1876年に日本優位の不平等条約である**日朝修好条規（江華条約）**を結んで開国させた。

また，政府は1869年に蝦夷地を北海道と改称して**開拓使**を設置し，開拓と警備のために**屯田兵**を送った。1872年には琉球王国を琉球藩とし，さらに1879年に琉球藩を廃止して沖縄県を設置した（**琉球処分**）。

B.C. 0 A.D.　　　500　　　　1000　　　　1500　　　　2000

🏳 文明開化

ザンギリ頭とは西洋風に短くした髪型のことで，文明開化のシンボルとされた。

都市にはれんがづくりの洋風建築が増え，道路は鉄道馬車や人力車が走るようになり，ガス灯がともされた。

✏ 明治初期の外交

相手国	政策や条約など	目的
欧米	岩倉使節団 （1871〜73年）	欧米視察におもむき，幕末に結んだ不平等条約の改正を目指すが失敗
琉球王国	琉球処分 （1879年）	実質的に薩摩藩の支配下だが，日清両属の状態にあった琉球王国の日本領化を目指し，沖縄県設置
清	日清修好条規 （1871年）	清との正式な国交樹立を目指し，日本が外国と結んだ最初の対等条約
朝鮮	日朝修好条規 （1876年）	不平等条約によって朝鮮を開国させた
ロシア	樺太・千島交換条約 （1875年）	樺太（サハリン）の帰属問題の解決を目指し，樺太をロシア領，千島全島を日本領とする

THEME 48 POINT

- 富国強兵を目指して殖産興業に力を入れる。官営模範工場の富岡製糸場を建設。
- 都市部を中心に欧米文化が流入し，伝統的な生活や思想が変化した（文明開化）。
- 岩倉具視を大使とする岩倉使節団は不平等条約の改正交渉に失敗した。

CHAPTER 07

History of
the Meiji Period

THEME
49

Coffee Time
Discovery
JAPANESE HISTORY

国会の開設を求めて
自由民権運動が始まる

☕ 自由民権運動が始まり，全国に広がる

　明治初期，朝鮮に武力で開国をせまる**征韓論**が高まったが，岩倉使節団で欧米を視察し帰国した**大久保利通**らは国力の充実を優先すべきだとして，政府内で意見が対立した。その後，**西郷隆盛・板垣退助**らは参議を辞職し政府を去った（明治六年の政変）。1874年に板垣退助らは国会の開設を求める**民撰議院設立の建白書**を政府に提出し，**自由民権運動**が始まった。

　自由民権運動と並行して士族の反乱が西日本各地で起こった。1877年には鹿児島の士族が西郷隆盛を首領として最大の士族の反乱となる**西南戦争**を起こしたが政府軍に敗れ，以後不平士族の反乱はおさまった。これ以降，政府への批判は言論によるものが中心となる。

　1874年に板垣退助は土佐で立志社を，翌年全国組織として愛国社を大阪で結成した。1880年には愛国社から**国会期成同盟**が結成された。一方，政府は民権派の言論を弾圧したり，集会条例を制定し活動を規制したりした。

　1881年の開拓使官有物払下げ事件をきっかけに，民権派は政府を追及し，政府は10年後の国会開設を公約する国会開設の勅諭を出した（明治十四年の政変）。

☕ 国会開設に備えて自由党や立憲改進党が結成

　国会開設に備えて民権派は政党の結成を進め，板垣退助は**自由党**を，大隈重信は**立憲改進党**を結成した。

　またこの頃不況を背景に東日本の各地で民権派にかかわる騒擾事件（激化事件）が起こった。県令に農民が抵抗し，福島自由党の河野広中らが検挙された福島事件や，加波山事件，生活に苦しむ農民が組織した困民党の農民蜂起である**秩父事件**などが起こった。こうした中で自由党は解党し，立憲改進党も事実上の解党状態となり，自由民権運動はしだいに衰退していった。

自由民権運動の時期の流れ

年代	おもな出来事
1874	板垣退助らが民撰議院設立の建白書を政府に提出 ← 自由民権運動が始まる。
1877	西郷隆盛を中心に不平士族らが西南戦争を起こす ← この鎮圧以降, 政府への批判は言論によるものが中心に。
1880	国会期成同盟が結成
1881	● 国会開設の勅諭が出される ● 板垣退助らが自由党を結成 ← 政府は10年後の国会開設を約束。
1882	大隈重信らが立憲改進党を結成

政党の結成

板垣退助は土佐藩の出身。征韓論にやぶれて政府を去ったが, その後すぐに自由民権運動を繰り広げた。

板垣退助

大隈重信は佐賀藩の出身。東京専門学校（現在の早稲田大学）を創設した人物でもある。

大隈重信

THEME 49 **POINT**

● 板垣退助らが民撰議院設立の建白書を政府に提出して自由民権運動が始まる。

● 1881年の開拓使官有物払下げ事件をきっかけに政府は10年後の国会開設を公約。

● 東日本各地で騒擾事件が起こる中, 自由民権運動はしだいに衰退していった。

CHAPTER 07

History of
the Meiji Period

THEME

50

0
Coffee Time
Discovery

JAPANESE HISTORY

アジア初の立憲制国家の誕生

大日本帝国憲法の公布と帝国議会の開設

政府は憲法制定の方針を決定し，渡欧した**伊藤博文**はドイツ流の憲法理論を学んだ。1885年には太政官制にかわって**内閣制度**が創設された。また，ドイツ人顧問モッセから助言を受けた山県有朋が中心となり地方制度改革も進み，1888年に市制・町村制が，1890年に府県制・郡制が公布された。

伊藤博文・井上毅らがドイツ人顧問ロエスレルらの援助で憲法草案を起草し，天皇の諮問機関の枢密院（初代議長：伊藤博文）で審議され，黒田清隆内閣期の1889年2月11日に**大日本帝国憲法（明治憲法）**が発布された。この憲法は天皇が定める**欽定憲法**であり，天皇は国家元首とされ，神聖不可侵で統治権の総攬者であり，陸海軍の統帥権などの権限を保持した。

立法機関の**帝国議会**は，皇族や華族などからなる**貴族院**と，選挙で選ばれた議員からなる**衆議院**の二院制だった。国民は法律の範囲内で各種の権利と自由を認められた。選挙資格は満25歳以上の男性かつ直接国税15円以上の納税者で，全人口のわずか約1.1％にすぎなかった。

民党が衆議院の過半数を獲得

民法も公布されたが，フランス人顧問に起草されたこの民法に対し日本の伝統的倫理が破壊されるとの批判が上がり民法典論争が発生。ドイツ民法を参考に戸主権を絶対化して修正された。

第一回帝国議会では衆議院議員総選挙の結果，立憲自由党と立憲改進党など**民党**が衆議院の過半数を占め，藩閥政府支持の吏党は少数派だった。民党は政費節減・民力休養を主張し，政府の政策は政党の考えに左右されてはならないという超然主義の立場の第1次山県有朋内閣は主権線（国境）・利益線（朝鮮）防衛のための軍拡を主張した。

🏳 大日本帝国憲法で定められた国家機構

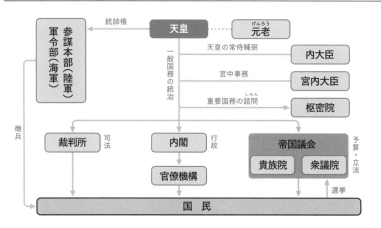

✏ 二院制の帝国議会

帝国議会	貴族院	皇族や華族，天皇が任命した議員などから構成
	衆議院	国民が選挙した議員から構成 ◀ 選挙の有権者は全人口のわずか1%程度。

THEME 50 **POINT**

● 1889年2月11日に大日本帝国憲法が発布された。欽定憲法で天皇は国家元首。

● 帝国議会は貴族院と衆議院の二院制。法律の範囲内で権利や自由を認められた。

● 第一回帝国議会では民党が衆議院の過半数を占め，藩閥政府支持の吏党は少数派。

CHAPTER 07

History of
the Meiji Period

THEME

51

Coffee Time
Discovery

JAPANESE HISTORY

不平等条約の改正と日清戦争

条約改正に成功した陸奥宗光と小村寿太郎

　幕末に欧米諸国と締結した不平等条約の改正は政府の重要な課題となっていた。外務卿（のち外務大臣）の井上馨は，領事裁判権（治外法権）の撤廃に関して，外国人判事の任用を条件に，欧米諸国に了承させた。しかし，政府内で批判を受け，また多数の日本人乗客が死亡したノルマントン号事件や，東京日比谷の鹿鳴館（外国要人の接待の場）に象徴される極端な欧化主義に対する世論の反発が高まり，井上馨は外務大臣を辞任した。

　そんな中，イギリスはロシアへの警戒から対等な立場での条約改正に前向きな態度を示すようになり，日清戦争直前の1894年，陸奥宗光外務大臣（第2次伊藤博文内閣）は領事裁判権の撤廃と相互対等の最恵国待遇などを内容とする日英通商航海条約に調印した。また，1911年には小村寿太郎外務大臣（第2次桂太郎内閣）が関税自主権の完全回復も達成した。

日清戦争に勝利するも三国干渉で遼東半島を返還

　日朝修好条規締結後，朝鮮国内では親日派の勢力が強まった。しかし，親日的な国王高宗の外戚である閔妃一族に対し，高宗の父の支持派らの軍隊が反乱を起こした（壬午軍乱）。この反乱を鎮圧した清の影響が強まると，閔妃政権は親清派となった。1884年の金玉均ら親日改革派の独立党によるクーデタをきっかけに，日清関係が悪化したことから，翌年に日清間で天津条約が結ばれた。

　こうした中，1894年に朝鮮で起きた甲午農民戦争（東学の乱）を契機に，日清戦争が勃発した。勝利した日本は1895年に下関条約を結び，清による朝鮮独立の認可，遼東半島・台湾・澎湖諸島の割譲，賠償金2億両を日本に支払うことなどを取り決めた。これに対しロシアはフランス・ドイツとともに日本に遼東半島の返還を勧告する三国干渉をおこなった。

ノルマントン号事件の風刺画

たくさんの日本人乗客が亡くなったノルマントン号事件で，イギリス人船長は，イギリスによる領事裁判で軽い罰を受けるだけにとどまった。

日清戦争直前の構図と下関条約のおもな内容

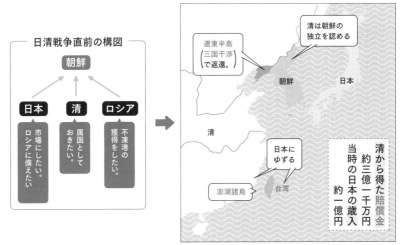

日清戦争直前の構図

朝鮮

日本　清　ロシア

市場にしたい。ロシアに備えたい　属国としておきたい。　不凍港の獲得をしたい。

清は朝鮮の独立を認める

遼東半島（三国干渉）で返還。

朝鮮　日本

清

日本にゆずる

澎湖諸島　台湾

清から得た賠償金　約三億一千万円　当時の日本の歳入　約一億円

THEME 51　**POINT**

◎ 陸奥宗光が領事裁判権の撤廃，小村寿太郎が関税自主権の完全回復を実現した。

◎ 1894年，甲午農民戦争をきっかけに日清戦争が勃発し日本が勝利した。

◎ 1895年に下関条約を締結。この条約で得た遼東半島は三国干渉により返還。

CHAPTER 07

History of
the Meiji Period

THEME
52

Coffee Time
Discovery
JAPANESE HISTORY

大国ロシアとの戦いが勃発

政府と政党の関係はどう変化した？

　日清戦争後，政府と政党の関係に大きな変化がみられた。第2次伊藤博文内閣は自由党と，次の第2次松方正義内閣は立憲改進党を中心に結成した進歩党と提携するなど，政府と政党が提携するようになる。その後，自由党と進歩党が合同して**憲政党**を結成し，第3次伊藤内閣退陣後，最初の政党内閣第1次大隈重信内閣（隈板内閣）が成立した。

　隈板内閣退陣後に成立した第2次山県有朋内閣は憲政党と提携し，選挙権資格の納税額を直接国税10円以上に引き下げた。その後山県内閣の政策に批判的になった憲政党は伊藤博文と結び，彼を総裁とする**立憲政友会**を結成した。そして第4次伊藤内閣が成立するが，貴族院と対立して退陣し，山県の後継である第1次桂太郎内閣が成立した。

日露戦争に勝利するも賠償金は得られず…

　日清戦争後，欧米列強は中国にさかんに進出していった。ドイツは山東半島の膠州湾を，ロシアは遼東半島の旅順・大連を租借し，アメリカは中国の門戸開放・機会均等を提唱した。1900年に外国勢力を追い払おうと**義和団事件**が起こり，さらに清も列国に宣戦する**北清事変**が起こった。列強は連合軍を派遣して清を破り，北京議定書を結んだ。この機にロシアが事実上満洲を占領すると，日本はイギリスと共にロシアに対抗しようと1902年に日英同盟協約が結ばれた（日英同盟）。

　米英の支持や日本国内でロシアとの開戦論もあり，1904年に**日露戦争**が勃発した。日本は日本海海戦で勝利したが国力の限界もあり，1905年にアメリカの仲介で講和条約の**ポーツマス条約**を結んだ。しかしロシアから賠償金を獲得できず，戦費の負担などに苦しんだ民衆の不満が爆発し，日比谷焼打ち事件を起こした。

♀ 明治時代

```
├─────────┼─────────┼─────────┼─────────┼──▨─┤
B.C. 0  A.D.     500       1000      1500      2000
```

∙∙● Chapter

01
02
03
04
05
06

07

08
09

🌐 列強による中国分割

▨	イギリスの勢力範囲
▨	ロシアの勢力範囲
▨	フランスの勢力範囲
▨	ドイツの勢力範囲
▨	日本の勢力範囲
●	外国の領土・租借地

（ポ）＝ポルトガル

ロシア

ハルビン ○

満洲

奉天 ○

北京 ○

韓国

旅順・大連
1898（ロ）

漢城 ●
（今の
ソウル）

膠州湾
こうしゅうわん
1898（ド）

清

日清戦争で清の
弱体化が明確と
なり，列強による
分割を招いた

山東省

南京 ○
上海 ○

威海衛
1898（イ）

日清戦争に敗れた中国に
対し，欧米列強が次々に
進出した。

広州湾
1899

九竜半島
1898（イ）

台湾
1895
（日本領）

マカオ
1887
（ポ）

香港
1842（イ）

フランス領
インドシナ
1887

海南島

THEME 52 **POINT**

◈ 政府と政党が提携する。第2次山県有朋内閣は選挙権資格の納税額を引き下げ。

◈ 日清戦争後，列強が中国進出。外国勢力を追い払おうと義和団事件などが起こる。

◈ 1904年，日露戦争が勃発。ポーツマス条約では賠償金を得られなかった。

CHAPTER 07

History of
the Meiji Period

THEME

53

Coffee Time
Discovery

JAPANESE HISTORY

帝国主義国としての動きを強める日本

桂と西園寺が交互に政権を担った桂園時代

　第1次桂太郎内閣は日露戦争後に退陣し，1906年に立憲政友会総裁である西園寺公望が第1次内閣を組織し，鉄道国有法を公布して主要な民営鉄道を買収した。次の第2次桂太郎内閣は町村の租税負担力強化を図る地方改良運動を実施した。また，幸徳秋水らが天皇暗殺を計画したとして死刑となった**大逆事件**をきっかけに，社会主義者らを大規模に弾圧した。その一方で労働者保護法の**工場法**も制定した。桂太郎と西園寺公望が交互に政権を担当した時代を桂園時代と呼ぶ。

韓国を植民地化し，本格的な満洲進出へ

　日露戦争開戦後，日本は韓国に軍事上必要な土地の収用を可能にする日韓議定書と，日本政府推薦の財政顧問・外交顧問をおかせる第1次日韓協約を結んだ。また，日本の韓国保護国化を他国に承認させるため，アメリカと桂・タフト協定を結んだ。そして韓国から外交権を奪う第2次日韓協約を結んで韓国を保護国とし，韓国首都の漢城に韓国外交を統轄する統監府（初代統監：伊藤博文）を設立した。さらに日本は内政権も手中とする第3次日韓協約を結び，韓国軍を解散させた。本格化した反日の義兵運動は鎮圧されたが，1909年に伊藤博文が満洲のハルビンで安重根に暗殺される事件が起こった。1910年には韓国併合条約を結んで韓国を日本領とした（**韓国併合**）。漢城を京城と改称し，統治機関の**朝鮮総督府**（初代総督：寺内正毅）をおいた。

　その一方で日本は中国満洲への進出を本格化させていく。1906年に遼東半島南端の租借地である関東州を統治する機関として関東都督府が設置された。また，長春・旅順間の旧東清鉄道を経営する半官半民の**南満洲鉄道株式会社（満鉄）**も大連に設立された。ロシアとは4次にわたる日露協約を結び，日本の満洲権益を確保した。

B.C. 0 A.D.   500   1000   1500   2000

韓国併合の流れ

内閣	年	おもな出来事
桂太郎①	1904	日露戦争開戦
		日韓議定書・第1次日韓協約締結
	1905	桂・タフト協定（日本の韓国保護国化と，アメリカのフィリピン統治を相互承認）
		第2次日英同盟協約（日本の韓国保護国化をイギリスが承認）
		ポーツマス条約締結（日本の韓国への優越権をロシアが承認）
		第2次日韓協約締結 韓国の外交権を接収し保護国化。
西園寺公望① （立憲政友会）	1906	統監府開庁（初代統監：伊藤博文）
		南満洲鉄道株式会社（満鉄）設立
	1907	第3次日韓協約締結
		韓国軍隊を解散→義兵運動が本格化
桂太郎②	1909	伊藤博文を安重根がハルビンで暗殺
	1910	韓国併合条約締結・朝鮮総督府開庁 韓国は日本領朝鮮となる。同化政策など植民地支配。

THEME 53 **POINT**

- 桂太郎と西園寺公望が交互に政権を担う桂園時代。社会主義者らを大規模弾圧。
- 1910年に韓国併合条約を結んで韓国を日本領に。朝鮮総督府をおいた。
- 中国満洲への進出を本格化。半官半民の南満洲鉄道株式会社を設立した。

CHAPTER 07

History of
the Meiji Period

THEME

54

*Coffee Time
Discovery*

JAPANESE HISTORY

日本の産業革命は
軽工業から重工業へ

産業革命が進む一方で社会問題も発生

　日本の産業革命はまず軽工業から始まった。原料の綿花から綿糸を生産する紡績業では，渋沢栄一らが1883年に開業した大阪紡績会社が成功して，機械制生産が急拡大した。1890年には綿糸の生産量が輸入量を上回り，1897年には輸出量が輸入量を上回った。

　繭から生糸を生産する製糸業では，1909年には日本が世界最大の生糸輸出国となった。これにより農業でも養蚕（繭の生産）がさかんとなった。

　1880年代には松方財政によるデフレ政策で下層農民が小作に転落する一方，地主は小作に耕作させ，自らは小作料収入に依存する寄生地主となっていった。

　鉄道業では1881年に日本鉄道会社が設立されて成功し，民営鉄道が多く建設された。1906年の鉄道国有法で主要な民営鉄道は国有化された。

　また，1884年頃から官営事業払下げにより三井・三菱（岩崎）などが**財閥**となり成長した。重工業では官営の**八幡製鉄所**が1901年に操業開始した。

　産業革命が進み，工場労働者は増加したが，その大半が零細農家の若い女性から成る**女工**で，低賃金・14～15時間の長時間労働という劣悪な労働環境で働いた。

　また，公害が社会問題となり，栃木県の足尾銅山の鉱毒が渡良瀬川流域を汚染した足尾鉱毒事件を，衆議院議員の**田中正造**が追及した。

政府は労働運動の高まりを制限

　こうした状況の中で，待遇改善・賃上げの声が高まり，1886年に日本最初のストライキが起こった。1897年には労働組合期成会が結成，鉄工組合などの**労働組合**も結成された。こうした動きに対し政府は治安警察法を制定し，労働者の団結権・ストライキ権を制限した。

日本の産業革命の流れ

年代	おもな出来事
1870年代 （殖産興業期）	▶1872年，富岡製糸場開業　生糸をつくる。
1880年代 （産業革命開始期）	▶1883年，大阪紡績会社開業　綿糸をつくる。
1890年代 （日清戦争後）	この頃，紡績業や製糸業などの軽工業が発展 ▶1897年，綿糸の輸出量が増え，輸入量を上回る
1900年代	1901年，八幡製鉄所が操業開始 ▶日清戦争の賠償金をもとに設立 ▶1909年，日本が世界最大の生糸輸出国となる　この頃，鉄鋼，造船などの重工業が発展。 ▶1911年，工場法制定（1916年施行）

製糸工場で働く女工たち

製糸業や紡績業では，出稼ぎの女工（女性労働者）が低賃金・長時間労働で生産を支え，安い綿糸や生糸がつくられた。

THEME 54 **POINT**

- 紡績業や製糸業などの軽工業から産業革命が始まる。世界最大の生糸輸出国に。
- 重工業では官営の八幡製鉄所が操業開始。足尾鉱毒事件などの公害が発生した。
- 労働者が待遇改善を求める。政府は治安警察法で団結権・ストライキ権を制限。

CHAPTER 07

History of
the Meiji Period

THEME

55

Coffee Time
Discovery

JAPANESE HISTORY

日本の近代文学を生んだ時代

明治時代に学校教育の普及がもたらしたもの

　1872年の学制公布後，義務教育の就学率は高まったが，地方の実情に合わないとの批判があり，1879年に学制が廃され，地方の自主性を認めた教育令が出された。その後義務教育の延長や授業料の廃止により，1907年には就学率は97％を超えた。

　教育方針がしだいに国家主義的教育へと転換されると，1890年に「教育に関する勅語」（**教育勅語**）で忠君愛国が強調された。

　教育の普及は優秀な科学者を生み出した。ペスト菌を**北里柴三郎**が，赤痢菌を志賀潔が発見し，アドレナリンを抽出した高峰譲吉などが活躍した。

写実主義・ロマン主義・自然主義の作家が活躍

　明治期はさまざまな日本の近代文学が生まれた時代であった。人間の内面などをあるがままに描く写実主義では，『小説神髄』の坪内逍遙，『浮雲』の二葉亭四迷，『金色夜叉』の尾崎紅葉などがいた。日清戦争前後の時期には，感情の解放を描くロマン主義の文学として，『舞姫』の**森鷗外**，『みだれ髪』の**与謝野晶子**，『たけくらべ』の**樋口一葉**らがいた。日露戦争前後の時期には，社会の暗い現実をそのまま描こうとする自然主義の文学として，『破戒』の島崎藤村，『一握の砂』の**石川啄木**がいた。ほかには『吾輩は猫である』の**夏目漱石**が有名である。俳句では**正岡子規**が活躍した。

　美術では，日本美術復興のため，**岡倉天心**とアメリカ人フェノロサの尽力で1887年に東京美術学校（のちの東京芸術大学）が設立され，1898年には岡倉天心らを中心に日本美術院も設立された。日本画では「悲母観音」の狩野芳崖が，西洋画では「湖畔」の**黒田清輝**らが活躍した。

明治期の義務教育

義務教育の延長や授業料の廃止により、就学率は90%を超えた。

教育方針がしだいに国家主義的教育へと転換。教育勅語で忠君愛国が強調。

明治期の文学

写実主義	坪内逍遙…『小説神髄』 写実主義を提唱した中心的存在。	
	二葉亭四迷…言文一致体の『浮雲』	
	尾崎紅葉…『金色夜叉』	
ロマン主義	森鷗外…『舞姫』,『即興詩人』	
	与謝野晶子…『みだれ髪』	
	樋口一葉…『たけくらべ』,『にごりえ』	
自然主義	島崎藤村…『破戒』	
	石川啄木…『一握の砂』社会主義思想を含む生活詩	
その他	夏目漱石…『吾輩は猫である』,『坊っちゃん』	
	正岡子規…俳句雑誌『ホトトギス』で活躍	

THEME 55 POINT

- 義務教育の就学率が高まり、教育勅語で忠君愛国が強調された。
- 森鷗外、与謝野晶子、夏目漱石など、多くの近代文学が生まれた。
- 岡倉天心とフェノロサの尽力で、東京美術学校が設立された。

| CHECK |

確 認 問 題

明 治 時 代

History of the Meiji Period

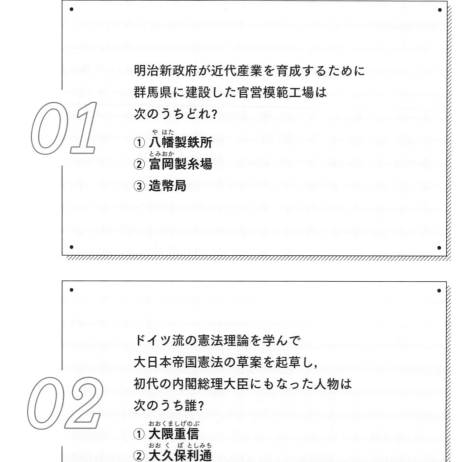

01

明治新政府が近代産業を育成するために
群馬県に建設した官営模範工場は
次のうちどれ?

① 八幡製鉄所
② 富岡製糸場
③ 造幣局

02

ドイツ流の憲法理論を学んで
大日本帝国憲法の草案を起草し,
初代の内閣総理大臣にもなった人物は
次のうち誰?

① 大隈重信
② 大久保利通
③ 伊藤博文

03

関税自主権の完全回復を達成した
外務大臣は次のうち誰?

① 陸奥宗光
② 小村寿太郎
③ 井上馨

04

ロシアが韓国における
日本の優越権を認めることや,
旅順・大連の租借権を日本に譲ることなどを
定めた日露戦争の講和条約は次のうちどれ?

① ポーツマス条約
② 下関条約
③ ヴェルサイユ条約

答え ▷ P.188

Coffee Time
Discovery

Σ JAPANESE HISTORY Σ

08

History from the Taisho to the Showa Period

大正〜昭和時代

7000000	10000	B.C. 0 A.D.	500	1000	1500	2000

第一次世界大戦で日本は好景気となり重化学工業が発達した。
しかし，大戦が終わると不況となり，関東大震災で大打撃を受け，
世界恐慌の影響から日本経済はどん底に陥る。
これを打開しようと大陸へ勢力拡大をはかった日本は，
戦争への道を突き進むこととなった。
人びとの生活は厳しく統制され，戦況が劣勢になると，
本土への空襲や原爆の投下で多くの人が犠牲になった。
ここでは，世界の動きに伴う日本の政治や経済の変化，
日中戦争や太平洋戦争の背景や経過について学んでいこう。

CHAPTER 08

History from
the Taisho
to the Showa Period

THEME

56

Coffee Time
Discovery

JAPANESE HISTORY

国民の団結で内閣が
総辞職した大正政変

第2次西園寺内閣は陸軍の兵力増員要求を拒否

　1911年，立憲政友会が与党となる第2次西園寺公望内閣が成立し，1912年に明治天皇が死去すると，大正天皇が即位し，**大正**へと改元した。この頃中国では，**辛亥革命**がおこり，清が滅亡して**中華民国**が成立した。

　第2次西園寺内閣は陸軍からの数万人規模の兵力増員要求に苦慮していた。この要求は併合した韓国（朝鮮）の防衛と，清の滅亡で情勢が不透明になった中国への進出も狙ってのものであった。しかし，財政難であったことから，内閣は要求を拒否した。これに対し，陸相の上原勇作が辞表を天皇に提出し，内閣も総辞職した。

「閥族打破・憲政擁護」を掲げた第一次護憲運動

　その後，陸軍出身で長州閥の**桂太郎**が元老により推薦され，第3次内閣を組織した。しかし，直前まで天皇を補佐し宮中の中心を担っていた人物が首相となるのは宮中と政府の境界を乱すと国民から批判され，立憲政友会の**尾崎行雄**と立憲国民党の**犬養毅**を中心とした野党勢力により，藩閥や軍部への不満から「閥族打破・憲政擁護」をスローガンとする第一次護憲運動が全国に広がった。桂太郎は新党結成で内閣維持を図ったが，内閣不信任案の提出や，民衆の議会包囲もあり，桂内閣は50日余りで総辞職する**大正政変**となった。大正政変は，国民の団結によって内閣を総辞職に追い込んだ初の出来事となり，民衆の政治への意識をより一層高めた。この意識の高まりがのちの大正デモクラシーへとつながっていく。

　次に海軍大将の山本権兵衛により内閣が組織され，軍部大臣の就任の仕組みを改め，軍部を抑える改革を進めた。しかし，1914年に海軍上層部の汚職事件（シーメンス事件）で退陣。その後国民に人気の大隈重信が後継の首相となった。第2次大隈重信内閣は陸軍の兵力増員要求を議会で可決した。

1911年～1914年頃の流れ

内閣	年	おもな出来事
西園寺公望② (立憲政友会)	1911	中国で辛亥革命発生
		孫文が中華民国建国の宣言。清滅亡
		明治天皇が死去，大正天皇が即位 〔大正に改元。〕
		2個師団増設問題（陸軍と兵力増員に関して対立）
桂太郎③	1912	第一次護憲運動開始

立憲政友会や
立憲国民党を中心に
人々が声をあげた。

内閣	年	おもな出来事
山本権兵衛① (立憲政友会)	1913	大正政変 〔在職50日余りで内閣総辞職。〕
		軍部大臣現役武官制の現役規定削除
		立憲同志会（総裁：加藤高明）が結成
大隈重信② (立憲同志会)	1914	シーメンス事件で内閣総辞職
		第一次世界大戦勃発

THEME 56 **POINT**

● 第2次西園寺公望内閣が成立したが，財政難から陸軍の兵力増員要求を拒否。

● 「閥族打破・憲政擁護」をスローガンとする第一次護憲運動が全国に広がる。

● 国民の団結で内閣を総辞職させた大正政変で国民の政治への意識は一層高まる。

CHAPTER 08
History from
the Taisho
to the Showa Period

THEME
57

Coffee Time
Discovery
JAPANESE HISTORY

第一次世界大戦で日本は好景気に

☕ 三国同盟陣営と三国協商（連合国）陣営の争い

　20世紀初めの欧州ではドイツ・イタリア・オーストリアの**三国同盟**と，イギリス・フランス・ロシアの**三国協商**が対立しており，日本は日英同盟協約，日露協約を締結していたことから三国協商陣営に属した。1914年6月にオーストリア皇位継承者夫妻が暗殺された**サライェヴォ事件**を機に，各国が三国同盟側・三国協商側（連合国側）に分かれて争う**第一次世界大戦**が始まった。アメリカが1917年に連合国側で参戦すると，戦局は連合国側が有利となった。

　連合国側として参戦した日本（第2次大隈内閣）は，ドイツの中国根拠地青島や赤道以北のドイツ領南洋諸島の一部を占領した。1915年には中国に**二十一カ条の要求**を通告し，要求の大部分を承認させた。次の寺内正毅内閣は中国に巨額の経済借款を与えて，影響力拡大を図った。アメリカとは，特派大使石井菊次郎と米国務長官ランシングの会談で，領土保全・門戸開放と日本の中国への特殊権益を相互に認める石井・ランシング協定が結ばれた。

　第一次世界大戦中のロシアでは1917年に**ロシア革命**がおこり，レーニンの主導で世界初の社会主義国家が誕生した。イギリス・フランス・アメリカ・日本などは社会主義の拡大をおそれ，革命の干渉戦争を起こした（**シベリア出兵**）。日本を除く列強は干渉戦争から撤退し，1922年に**ソヴィエト社会主義共和国連邦（ソ連）**が成立した。

☕ 大戦景気の日本では成金が出現

　第一次世界大戦により日本の貿易は大幅に輸出超過，日本は債務国から債権国となった。この好景気を**大戦景気**といい，これにより大富豪となった成金も生まれた。工業が発展し，造船業では世界の船舶不足による好況で船成金が誕生。日本は世界第3位の海運国になった。

第一次世界大戦の構図

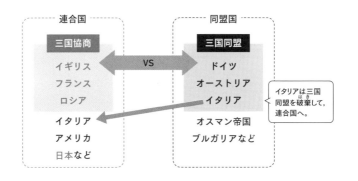

連合国

三国協商

イギリス
フランス
ロシア

イタリア
アメリカ
日本など

VS

同盟国

三国同盟

ドイツ
オーストリア
イタリア

オスマン帝国
ブルガリアなど

イタリアは三国同盟を破棄して，連合国へ。

✎ 第一次世界大戦前後の日本の貿易額の移り変わり

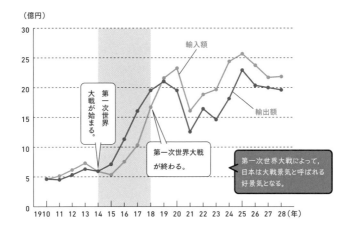

（億円）

輸入額

大戦が始まる。
第一次世界

第一次世界大戦が終わる。

輸出額

第一次世界大戦によって，日本は大戦景気と呼ばれる好景気となる。

1910 11 12 13 14 15 16 17 18 19 20 21 22 23 24 25 26 27 28（年）

THEME 57 **POINT**

- サライェヴォ事件をきっかけに，同盟国と連合国による第一次世界大戦が勃発。
- 日本は中国に二十一カ条の要求を通告。アメリカと石井・ランシング協定締結。
- ロシア革命がおこり世界初の社会主義国家が誕生。日本は大戦景気を迎える。

CHAPTER 08
History from
the Taisho
to the Showa Period

THEME
58

Coffee Time
Discovery
JAPANESE HISTORY

自由主義・民主主義的な風潮の大正デモクラシー

原敬が初の本格的な政党内閣を発足

大戦景気の好況は物価の上昇を招き，民衆の生活は苦しくなった。シベリア出兵を見越して商人が米を買い占め米価が急騰すると，富山で米の安売りを求める騒動が起き，その後全国に広がり**米騒動**となった。

寺内正毅内閣はこの責任を追及されて総辞職し，1918年に立憲政友会が与党の**原敬**内閣が誕生した。原敬は「平民宰相」と呼ばれ，内閣も軍部大臣・外務大臣以外は立憲政友会の党員からなる本格的な**政党内閣**だった。原内閣は鉄道網の整備や高等教育拡充のために大学令を公布するなど積極政策を実施し，選挙法を改正して選挙権納税資格を10円以上から3円以上に引き下げ，小選挙区制を導入した。しかし，第一次世界大戦後の不況と党員の汚職事件が続出する中，1921年に原敬は東京駅で暗殺された。

大正デモクラシーの普及と活発化する社会運動

大正政変を機に民衆の政治意識が高まる中，1916年に**吉野作造**が一般民衆の意向を政治に反映させるべきだとする**民本主義**を唱えた。また，憲法学者の美濃部達吉は統治権は国家にあり，天皇はその国家の最高機関として憲法に従い統治するという天皇機関説を唱えた。これらの思想は**大正デモクラシー**（大正期の自由主義・民主主義的風潮）の普及に大きな影響を与えた。

大正時代には労働運動や女性運動などの社会運動も活発になった。労働争議が増加し，1912年に労働者修養団体である友愛会が結成された。1920年には最初のメーデーが開催された。1921年に友愛会は日本労働総同盟へと発展した。また小作争議も増加した。

女性運動では，**平塚らいてう**らが**青鞜社**を結成し，その後女性参政権などを要望する**新婦人協会**も平塚らいてうと市川房枝らが設立した。1922年には被差別部落への差別の解消を目指し**全国水平社**が結成された。

米騒動

富山県の主婦たちの
蜂起をきっかけに,
暴動が全国に広がった。

 大正デモクラシーとさまざまな社会運動

大正デモクラシーの中心的思想	天皇機関説	美濃部達吉が主張。天皇は国家の最高機関で憲法により統治権を行使
	民本主義	吉野作造が大日本帝国憲法下での民衆の政治参加を説き, 普通選挙の実現を主張
社会運動	労働運動	友愛会 ➡ 大日本労働総同盟友愛会(1919年) ➡ 日本労働総同盟（1921年）と変遷。労資協調から階級闘争へ変化
	小作争議	日本農民組合を結成（1922年）
	社会主義	日本社会党（1906年）➡ 日本社会主義同盟（1920年） 治安警察法によりそれぞれ翌年に結成禁止。 1922年には非合法的に日本共産党結成
	女性運動	青鞜社（1911年, 平塚らいてう創設） ➡ 新婦人協会（1920年, 平塚らいてう・市川房枝創設）
	部落差別	全国水平社が結成。被差別部落への差別解消運動

THEME 58　POINT

◎ 米騒動が拡大。寺内内閣は総辞職し, 本格的な政党内閣の原敬内閣が発足した。

◎ 吉野作造が唱えた民本主義は, 大正デモクラシーの普及に大きな影響を与えた。

◎ 社会運動が活発化。平塚らいてうや市川房枝らは新婦人協会を設立した。

CHAPTER 08

History from
the Taisho
to the Showa Period

THEME

59

Coffee Time
Discovery

JAPANESE HISTORY

大戦後のアジアの民族運動と国際協調の高まり

第一次世界大戦後の新たな国際秩序

1918年にドイツは連合国に降伏し，翌年に**パリ講和会議**が開催された。その結果**ヴェルサイユ条約**が結ばれ，ドイツに巨額の賠償金などが課された。日本は中国山東省の旧ドイツ権益，赤道以北の旧ドイツ領南洋諸島の委任統治権を獲得した。アメリカ大統領ウィルソンが民族自決などを提唱し，世界平和と国際協調のために**国際連盟**の設立も決定された。国際連盟の常任理事国はイギリス・日本・フランス・イタリアで，アメリカは自国上院の反対で加盟できなかった。この条約による国際秩序をヴェルサイユ体制という。

中国では，1919年に反日国民運動の**五・四運動**が起き，ヴェルサイユ条約調印を拒否した。朝鮮でも，同年に民族自決気運の国際的な高まりを背景に**三・一独立運動**が全土でおこなわれたが，朝鮮総督府により弾圧された。

世界は軍縮・国際協調の時代を迎える

第一次世界大戦後，列強では軍縮や国際協調の動きがさかんになった。1921年から翌年にかけて海軍の軍縮や太平洋・極東問題などを審議する**ワシントン会議**が開催された。アメリカ・イギリス・日本・フランス間で太平洋の現状維持などを決めた四カ国条約が結ばれ，これにより日英同盟協約は解消された。また，9か国間で中国の主権尊重・門戸開放・機会均等を決めた九カ国条約も結ばれ，これにより石井・ランシング協定は廃棄となった。軍縮面では，列強の主力艦の保有比率を規定し，10年間は主力艦を建造しないことを決めた**ワシントン海軍軍備制限条約**が結ばれた。この会議による国際秩序をワシントン体制という。

のちの加藤高明内閣や第1次若槻礼次郎内閣の時代には**幣原喜重郎**外相による幣原外交とも呼ばれる協調外交政策が展開された。

第一次世界大戦終結後の流れ

内閣	年	おもな出来事
原敬 （立憲政友会）	1919	朝鮮で三・一独立運動，中国で五・四運動
		ヴェルサイユ条約調印
	1920	国際連盟加入，常任理事国に
高橋是清	1921	ワシントン会議参加。太平洋問題で四カ国条約調印
	1922	中国問題で九カ国条約調印
		軍縮でワシントン海軍軍備制限条約調印
加藤友三郎		シベリア出兵の撤兵完了。ソ連成立

ヴェルサイユ体制とワシントン体制

ヴェルサイユ体制	
条約	ヴェルサイユ条約
中心	国際連盟
地域	ヨーロッパ
目的	敗戦国ドイツが再び脅威となることの防止

ワシントン体制	
会議	ワシントン会議
中心	アメリカ
地域	アジア・太平洋
目的	● 太平洋の現状維持 ● 中国の門戸開放 ● 日本の進出の抑制

この2つが1920年代の国際秩序の柱。

THEME 59　POINT

● 第一次世界大戦が終わり，パリ講和会議でヴェルサイユ条約が結ばれた。

● 中国では反日国民運動の五・四運動，朝鮮では三・一独立運動が起こった。

● 軍縮や国際協調のためワシントン会議でワシントン海軍軍備制限条約を締結。

CHAPTER 08
History from
the Taisho
to the Showa Period

THEME
60

Coffee Time
Discovery
JAPANESE HISTORY

第二次護憲運動と
男子普通選挙の実現

護憲三派が展開した第二次護憲運動

　1923年9月1日に**関東大震災**が発生し，流言もあり多数の朝鮮人や中国人らが自警団に殺害された。震災の混乱を利用し，警察署で労働運動家10名が軍人により殺害される亀戸事件も起こった。また，のちの昭和天皇となる摂政の裕仁親王が虎の門付近で狙撃された虎の門事件も起こった。

　1924年，枢密院議長であった清浦奎吾が首相となり，ほぼ全ての閣僚を貴族院から選んだ内閣が成立すると，立憲政友会（総裁：高橋是清）・憲政会（総裁：加藤高明）・革新倶楽部（立憲国民党の後身，代表：犬養毅）の護憲三派が**第二次護憲運動**を起こした。

政党内閣の時代が続いた，「憲政の常道」

　清浦内閣後，護憲三派のうち選挙で最多となる票を獲得した憲政会総裁の加藤高明が3党で連立内閣を組織した。1925年にソ連との国交を樹立。そして，納税額による制限を廃止し，満25歳以上の男性に選挙権を認める**普通選挙法**を成立させた。同時に，ソ連による共産主義や，普通選挙実施による労働者階級の影響力拡大に備えるために**治安維持法**を制定し，国体や私有財産制度の変革をめざす者を取り締まった。

　のちに護憲三派の提携が解消されると，憲政会を単独与党とする第2次加藤高明内閣が成立し，加藤の病死後は，1926年に第1次若槻礼次郎内閣が成立。この年，大正天皇が死去して昭和天皇が即位し，**昭和**に改元された。若槻内閣の退陣後には立憲政友会総裁の田中義一が内閣を組織し，憲政会は政友本党と合同して立憲民政党となった。

　加藤高明内閣が成立してから，のちに犬養毅首相が五・一五事件で暗殺されるまで，衆議院で議席多数の立憲政友会か憲政会（のち立憲民政党）の総裁のどちらかが内閣を組織するのが慣行（「憲政の常道」）となった。

1920年代前半の流れ

内閣	年	おもな出来事
山本権兵衛②	1923	関東大震災 〔死者・行方不明者10万人以上の大震災。多数の朝鮮人・中国人らを自警団が殺害。〕
		虎の門事件により退陣
清浦奎吾	1924	第二次護憲運動発生。総選挙の結果，退陣
加藤高明 （①：護憲三派） （②：憲政会）		護憲三派内閣成立
	1925	●日ソ基本条約調印 ●治安維持法公布 ●普通選挙法公布
		●立憲政友会が革新倶楽部を吸収し政権離脱
若槻礼次郎① （憲政会）	1926	大正天皇死去，昭和天皇即位 〔昭和に改元。〕

有権者数の移り変わり

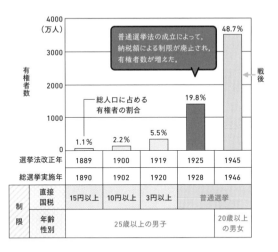

〔普通選挙法の成立によって，納税額による制限が廃止され，有権者数が増えた。〕

選挙法改正年	1889	1900	1919	1925	1945
総選挙実施年	1890	1902	1920	1928	1946

総人口に占める有権者の割合
1.1% / 2.2% / 5.5% / 19.8% / 48.7%

制限	直接国税	15円以上	10円以上	3円以上	普通選挙	
	年齢性別		25歳以上の男子			20歳以上の男女

THEME 60 **POINT**

◎ 立憲政友会・憲政会・革新倶楽部の護憲三派が第二次護憲運動を起こした。

◎ 満25歳以上の男性に選挙権を認める普通選挙法が成立。同年治安維持法も成立。

◎ 立憲政友会か憲政会の総裁のどちらかが内閣を組織する「憲政の常道」となる。

CHAPTER 08
History from
the Taisho
to the Showa Period

THEME
61

Coffee Time
Discovery
JAPANESE HISTORY

大衆文化が誕生した
大正〜昭和初期

☕ メディアの発達と大衆文化の広まり

　大正〜昭和初期，新聞発行部数が上昇し，総合雑誌の『中央公論』や『改造』が読者を広げた。鈴木三重吉が児童文芸雑誌『赤い鳥』を刊行し，大日本雄弁会講談社の大衆娯楽雑誌『キング』も大人気だった。『現代日本文学全集』など1冊1円の円本も刊行された。ラジオ放送も1925年に開始された。活動写真は弁士の解説による無声映画で，1930年代に有声映画のトーキーも上映された。

　都市では，俸給生活者（サラリーマン）だけでなく，タイピストや電話交換手などの職業婦人も増えた。流行の洋装をした女性のモガ（モダンガール）や男性のモボ（モダンボーイ）も現れた。私鉄経営駅にターミナルデパート，東京・大阪で地下鉄，1円均一タクシーの円タクも登場した。

☕ 文学では芥川龍之介や小林多喜二らが活躍

　『東洋経済新報』の記者石橋湛山は国民主権を主張。河上肇は『貧乏物語』で貧乏廃絶を説いた，柳田国男は民間伝承や民衆の生活史を研究して民俗学を確立した。医学では黄熱病研究の野口英世が活躍した。

　文学では，人道主義や理想主義の白樺派で，『その妹』の武者小路実篤，『暗夜行路』の志賀直哉，『或る女』の有島武郎がいた。官能的な美を目指す耽美派には，『腕くらべ』の永井荷風，『痴人の愛』の谷崎潤一郎がいた。現実を新視点から見直す新思潮派では，『羅生門』の芥川龍之介，『恩讐の彼方に』の菊池寛がいた。労働者を描いたプロレタリア文学では，『蟹工船』の小林多喜二，『太陽のない街』の徳永直が活躍した。

　演劇では，小山内薫・土方与志らが築地小劇場を設立した。美術では，洋画団体の二科会・春陽会が設立され，安井曽太郎，岸田劉生，梅原龍三郎らが活躍した。日本画では日本美術院を再興した横山大観がいた。

モダンガールやモダンボーイ

東京の浅草六区には劇場や映画館が所狭しと立ち並び，たくさんのスターが誕生した。

流行の洋装を着て歩く若者はモダンガール（モガ）やモダンボーイ（モボ）と呼ばれ，ショートカットヘアの女性も登場した。

 大正期の文化

大衆文化	大衆雑誌	『キング』…発行部数100万部超の大衆娯楽雑誌
	ラジオ放送	1925年に東京・大阪・名古屋で開始
文学	白樺派	武者小路実篤…『その妹』。白樺派の理論的指導者
		志賀直哉…『暗夜行路』，『和解』，『城の崎にて』
		有島武郎…『或る女』，『カインの末裔』
	耽美派	永井荷風…『腕くらべ』。耽美派の代表作家
		谷崎潤一郎…『痴人の愛』，『刺青』
	新思潮派	芥川龍之介…『羅生門』，『鼻』，『河童』
		菊池寛…『恩讐の彼方に』，『父帰る』
	プロレタリア文学	小林多喜二…『蟹工船』。『戦旗』で連載
		徳永直…『太陽のない街』。『戦旗』で連載

THEME 61 **POINT**

● **1925年にラジオ放送が開始。都市では俸給生活者だけでなく，職業婦人も増加。**

● **志賀直哉らの白樺派，谷崎潤一郎らの耽美派，芥川龍之介らの新思潮派。**

● **労働者を描いたプロレタリア文学では小林多喜二らが活躍した。**

日本経済は恐慌つづきの時代を迎える

戦後恐慌につづいて金融恐慌が発生

第一次世界大戦後日本は戦後恐慌となり，関東大震災で大きな経済的打撃を受けた後，1927年に一部銀行の経営破綻から金融恐慌が発生した。若槻礼次郎内閣は巨額の不良債権のある台湾銀行の救済を図ったが，枢密院に否決され退陣した。次の田中義一内閣は銀行の支払いを一時停止するモラトリアム（支払猶予令）で対処し，金融恐慌をしずめた。

1928年に初の普通選挙が実施され，無産政党員（当時社会主義政党を称することははばかられた）8名が当選したが，共産党員が一斉検挙される事件が起こった。政府は治安維持法を改正して最高刑を無期・死刑に変更，全国にも特別高等警察（特高）を設置し，共産勢力に対処した。

中国への強硬路線と昭和恐慌

この頃日本の外交は，欧米諸国とは1928年にパリで不戦条約に調印する協調外交を展開したが，中国に対しては強硬路線への転換を図った。中国国内では蔣介石の国民革命軍が全国統一を図り北上していたが（北伐），これに対し日本は満洲などにある権益を守る方針を決定した。そして3度の山東出兵をおこない，国民革命軍と衝突する済南事件が起こった。日本が支援した満洲軍閥の張作霖が国民革命軍に敗北すると，関東軍（旅順に司令部をおく日本の陸軍部隊）の中に張作霖をおしのけて満洲を直接支配しようという声が高まり，関東軍は奉天郊外で張作霖を独断で殺害する張作霖爆殺事件（満洲某重大事件）を起こした。その後，中国はほぼ統一された。

1929年に成立した浜口雄幸内閣は緊縮財政を実施したが，世界恐慌の最中で昭和恐慌となった。東北では大凶作と重なり，欠食児童や子女の身売りが多発した。

金融恐慌～昭和恐慌の時期の流れ

内閣	年	おもな出来事
若槻礼次郎①（憲政会）		金融恐慌
田中義一（立憲政友会）	1927	モラトリアム（支払猶予令）発令 金融恐慌は鎮静化。
		3度の山東出兵開始（翌年まで）
	1928	普通選挙で無産政党員8名当選
		第2次山東出兵で済南事件発生
		張作霖爆殺事件（満洲某重大事件）発生 ➡ 翌年退陣
		治安維持法改正
		パリで不戦条約調印（自衛のための戦争は容認）
浜口雄幸（立憲民政党）	1929	世界恐慌 ニューヨークのウォール街での株価暴落から始まった。
	1930	昭和恐慌
		ロンドン海軍軍備制限条約調印

THEME 62 POINT

● 日本は戦後恐慌となり，金融恐慌も発生。田中義一内閣はモラトリアムで対処。

● 中国へは強硬路線に向かい，関東軍が独断で張作霖爆殺事件を起こした。

● 浜口雄幸内閣は緊縮財政を実施するものの，世界恐慌の最中で昭和恐慌となる。

CHAPTER 08

History from
the Taisho
to the Showa Period

THEME

63

Coffee Time
Discovery

JAPANESE HISTORY

政党政治が途絶えた五・一五事件

五・一五事件で犬養毅首相が暗殺される

　日本国内では，幣原喜重郎による協調外交の方針を弱腰だと非難する声が軍部などで高まっていた。危機感を強めた関東軍は1931年に奉天郊外の柳条湖で南満洲鉄道の線路を爆破する**柳条湖事件**を起こし，これを中国軍のしわざとして，軍事行動を始めた（**満洲事変**）。第2次若槻礼次郎内閣は不拡大方針をとったが，関東軍は戦線を拡大し，内閣は退陣に追いこまれた。次の**犬養毅**内閣の時に関東軍は満洲の大部分を占領し，清王朝の最後の皇帝溥儀を元首とする満洲国の建国を宣言させた。強力な軍事政権をつくろうとする動きが活発になり，1932年に海軍青年将校らの一団が犬養毅首相を暗殺した**五・一五事件**が起こった。これにより戦前の政党内閣の時代が終わった。

　次いで海軍大将であった斎藤実を首相とする内閣が成立し満洲国を承認したが，国際連盟はリットン調査団の報告書に基づき，傀儡国家である満洲国の建国は認められないとするとともに，関東軍の占領地からの撤兵を求める勧告を採択した。これに反発した日本はその後国際連盟を脱退し，国際的に孤立していくことになる。

二・二六事件で軍部の影響力がさらに強まる

　円と金の交換を停止する管理通貨制度に移行した日本は円安で輸出を拡大し，綿織物の輸出はイギリスを超え世界1位規模となるが，不当に安く輸出するソーシャル＝ダンピングだと列強から非難された。

　満洲事変を契機に日本国内でナショナリズムが高まると，社会主義から国家社会主義への転向がさかんになり，しだいに軍部による国家社会主義的な改革を望む声が支配的になっていった。1936年に天皇親政をめざす陸軍青年将校らが斎藤実大臣らを殺害する**二・二六事件**が起こると，以後，軍部の政治的発言力はさらに強まった。

| B.C. 0 A.D. | 500 | 1000 | 1500 | 2000 |

 五・一五事件

犬養毅首相は軍部の行動をある程度容認していたが，満洲国の承認には消極的な立場をとっていた。

 軍部が台頭した時期の流れ

内閣	年	おもな出来事
若槻礼次郎②（立憲民政党）	1931	関東軍により柳条湖事件発生 ➡ 満洲事変に発展
犬養毅（立憲政友会）	1932	血盟団事件（井上準之助と団琢磨を暗殺）
		満洲で関東軍が満洲国を建国宣言
		五・一五事件で犬養毅首相暗殺 〔憲政の常道終了。〕
斎藤実		日満議定書で満洲国承認
	1933	国際連盟で満洲国承認を撤回する要求勧告案採択
岡田啓介		二・二六事件発生（蔵相高橋是清ら殺害）
広田弘毅	1936	軍部大臣現役武官制の現役規定が復活
		日独防共協定締結

THEME 63 **POINT**

- 関東軍は満洲事変を起こし満洲の大部分を占領して満洲国の建国を宣言した。
- 五・一五事件で犬養毅首相が暗殺され，政党内閣の時代が終わる。
- 二・二六事件をきっかけに軍部の政治的発言力がさらに強まった。

CHAPTER 08
History from
the Taisho
to the Showa Period

THEME
64

Coffee Time
Discovery
JAPANESE HISTORY

日中戦争に突き進む日本

日中戦争が勃発し国内は戦時体制に

　世界恐慌や満洲事変でヴェルサイユ・ワシントン体制による世界秩序が乱れはじめた。日本は1936年に日独防共協定を，翌年日独伊三国防共協定を結び，日本・ドイツ・イタリアは反ソ連を掲げて結束した。

　1937年に第1次近衛文麿内閣が成立した直後，北京郊外で日中両軍が衝突する盧溝橋事件をきっかけに日中戦争が始まると，中国側は第2次国共合作で国民党と共産党が提携し対抗した。大軍を送った日本は首都南京を占領し，南京事件も起きた。近衛文麿首相は1938年に第1次近衛声明（国民政府を対手とせず）を出し，第2次近衛声明で「東亜新秩序」建設を戦争目的とし，第3次近衛声明で近衛三原則（善隣友好・共同防共・経済提携）を示した。1940年に中国で汪兆銘の親日傀儡政権が成立したが，国民政府はアメリカ・イギリスの援助により抗戦を続けた。

　日中戦争開始後，日本政府は巨額の軍事費を予算に計上し，軍需産業に資金を投入した。1938年には政府が議会の承認なしに労働力や物資を戦争に動員できる国家総動員法を制定し，翌年には国民徴用令を発し，一般人が軍需工場に動員されるようになった。その後，軍需品の生産を優先し不要不急の民需品の生産や輸入が規制されると，生活必需品が品不足になった。

ヨーロッパでは第二次世界大戦が勃発

　1939年9月，ドイツがポーランドに侵攻すると，イギリス・フランスはドイツに宣戦布告し，第二次世界大戦が始まった。これに対し日本は不介入の方針をとった。全国民の戦争協力を目指した新体制運動を提唱していた近衛文麿が，1940年に第2次近衛内閣を組織すると，この運動に応じて政党は解散し，大政翼賛会に合流した。また，翌年小学校は国民学校となり，国家主義的教育がおし進められた。

日中戦争の展開

日本の統治範囲
日中戦争での戦線の拡大
日本軍の進路
数字は戦闘または占領年月

満洲国
北京
盧溝橋 天津 関東州
西安 青島 京城
中華民国
南京 1937.12
上海
重慶 長沙 1941.9
広州 1938.10
香港 1941.12

> 当時の首都である南京などを日本は占領していったが，その後の日本軍は大苦戦した。

第二次世界大戦中のヨーロッパ

枢軸国
中立国
連合国
1942年の枢軸国側の最大支配地および占領地

ノルウェー スウェーデン フィンランド
デンマーク モスクワ
イギリス オランダ ソビエト連邦
エール ベルリン ポーランド
ベルギー ドイツ
パリ スロバキア
フランス スイス ハンガリー
ユーゴ ルーマニア
スペイン スラビア ブルガリア
ポルトガル イタリア アルバニア ギリシャ トルコ

> フランスは開戦から1ヶ月でドイツに敗北。

> ドイツ・イタリア・日本が枢軸国の中心。ドイツではナチスの党首ヒトラーが，イタリアではファシスト党のムッソリーニが独裁者となった。

THEME 64 POINT

- 盧溝橋事件をきっかけに日中戦争が勃発。中国側は第2次国共合作で対抗した。
- 議会の承認なしに労働力や物資を戦争に動員できる国家総動員法が制定される。
- 第二次世界大戦が開戦。日本は不介入だったが，近衛文麿は新体制運動を提唱。

CHAPTER 08
History from
the Taisho
to the Showa Period

THEME
65

Coffee Time
Discovery
JAPANESE HISTORY

太平洋戦争と日本の降伏

ぜいたくは敵だ！

　戦時下の国民生活は政府の厳しい統制下におかれた。政府はぜいたく品の生産・販売を禁止し，砂糖・マッチ・米・衣料品などは**切符制・配給制**となった。1940年には内閣情報局を設置し，マスメディアを統制下において戦争のために利用する方針をとった。

真珠湾攻撃などで太平洋戦争が開戦

　1940年7月，第2次近衛文麿内閣が成立し，仏領インドシナ北部に進駐，軍事同盟の**日独伊三国同盟**を結んだ。これに対しアメリカは日本への経済制裁を強めた。1941年日本はソ連と**日ソ中立条約**を結んで北方の安全を確保し，仏領インドシナ南部へ進駐した。これに対しアメリカはイギリス・オランダと共に日本を経済封鎖して孤立させようとした（**ABCD包囲陣**）。この状況の打破のために開戦を望む主張が高まり，近衛首相は開戦派の陸相**東条英機**と対立して退陣した。

　その後日米交渉の成立が絶望的となったため東条英機内閣は開戦を決定し，陸軍は英領マレー半島，海軍はハワイ真珠湾を奇襲して太平洋戦争（アジア・太平洋戦争）となった。日本は**大東亜共栄圏**の建設を名目に戦線を拡大した。

　1942年，ミッドウェー海戦で日本は大敗し，翌年にはガダルカナル島からも撤退した。国内では学生を徴兵する**学徒出陣**や，女子挺身隊などを軍需工場で労働させる**勤労動員**がなされた。1944年にはサイパン島が陥落して本土空襲が本格化し，**学童疎開**が始まった。

　1945年2月の米・英・ソによるヤルタ会談で，ソ連の対日参戦などが決まった。同年7月，無条件降伏を米・英・中の名で日本へ勧告する**ポツダム宣言**が出された。アメリカが広島と長崎に**原子爆弾**を投下したのと前後してソ連が満洲や樺太などに侵攻すると，政府はポツダム宣言を受諾した。

📖 太平洋戦争の展開

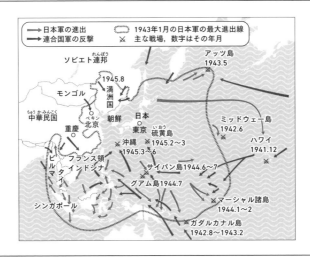

凡例:
- ➡ 日本軍の進出
- ➡ 連合国軍の反撃
- ⋯⋯ 1943年1月の日本軍の最大進出線
- ✕ 主な戦場、数字はその年月

アッツ島 1943.5
ソビエト連邦
1945.8
満洲国
モンゴル
中華民国
ペキン北京
重慶
朝鮮
日本 東京 硫黄島
沖縄 ✕1945.2〜3 / 1945.3〜6
ミッドウェー島 1942.6
ハワイ 1941.12
ビルマ
タイ
フランス領インドシナ
サイパン島 1944.6〜7
グアム島 1944.7
シンガポール
マーシャル諸島 1944.1〜2
ガダルカナル島 1942.8〜1943.2

✏️ 太平洋戦争の流れ

内閣	年	おもな出来事
東条英機	1941	太平洋戦争開始　陸軍はマレー半島、海軍は真珠湾奇襲。
	1942	● 大東亜共栄圏建設を名目とし、東南アジア中心に戦線拡大。 ● ミッドウェー海戦で大敗北、以後劣勢へ。
	1944	サイパン島陥落　以後、本土空襲本格化。
小磯国昭	1945	● 東京大空襲　● 沖縄戦開始 ● 米英ソでヤルタ秘密協定締結
鈴木貫太郎		● ドイツ降伏　● 米英ソ会談、米英中の名でポツダム宣言発表 ● 広島・長崎に原子爆弾投下　● 中立条約を破棄してソ連参戦 ● ポツダム宣言受諾決定　● 天皇の玉音放送

THEME 65 POINT

- 日独伊三国同盟や日ソ中立条約を締結。アメリカなどはABCD包囲陣で対抗。
- 陸軍が英領マレー半島、海軍がハワイ真珠湾を奇襲して太平洋戦争が開戦した。
- アメリカによる原爆投下やソ連参戦により日本はポツダム宣言を受諾し降伏。

| C H E C K |
確 認 問 題
大 正 〜 昭 和 時 代
History from the Taisho to the Showa Period

01

米騒動の責任を追及され
寺内正毅内閣が総辞職したあと,
本格的な政党内閣を組織したのは次のうち誰?
① 原敬
② 桂太郎
③ 西園寺公望

02

現実を新視点から見直す新思潮派の作家である
芥川龍之介の代表作といえば次のうちどれ?
①『暗夜行路』
②『羅生門』
③『蟹工船』

03

海軍青年将校の一団に犬養毅首相が暗殺され，
政党内閣の時代が終わることになった事件は
次のうちどれ？

① 柳条湖事件

② 二・二六事件

③ 五・一五事件

04

日本へ無条件降伏を勧告する
ポツダム宣言を発表した3国は
次のうちどれ？

① アメリカ・フランス・ロシア

② アメリカ・イギリス・フランス

③ アメリカ・イギリス・中国

答え ▷ P.188

Coffee Time
Discovery

ΣJAPANESE HISTORYƵ

09

History from the Postwar Period to Modern Times

戦後～現代

| 7000000 | 10000 | B.C. 0 A.D. | 500 | 1000 | 1500 | 2000 |

敗戦後の日本は連合国軍に占領され，その指示のもとで
民主化のための政策が行われることとなった。
サンフランシスコ平和条約の発効で独立を回復した日本は，
ソ連（ロシア）や中国，韓国などとの関係回復にも努める。
1950年代半ばからの高度経済成長で国民の生活水準が向上し，
石油危機を乗り越えた日本は経済大国となった。
戦後の日本と世界の動きや政治体制の変化などについて学びながら，
現代の日本が抱える課題について，
コーヒーを片手に今一度見つめ直してみよう。

CHAPTER 09

History from
the Postwar Period
to Modern Times

THEME

66

Coffee Time
Discovery

JAPANESE HISTORY

敗戦から立ち上がる日本

🍵 GHQによる間接統治

　　ポツダム宣言を受諾した日本は降伏文書に調印し，対日占領政策決定の最高機関として極東委員会が設立され，マッカーサーをトップとする**連合国軍最高司令官総司令部（GHQ）**の指令・勧告を日本政府が実施するという間接統治（沖縄などを除く）がとられた。マッカーサーは女性参政権の付与，教育改革，経済の民主化などの五大改革を指示した。戦争指導者らは**極東国際軍事裁判（東京裁判）**で裁かれたが，天皇制は温存され昭和天皇は人間宣言をおこなった。職業軍人などは公職追放された。

🍵 占領政策のポイントは日本の民主化

　　まず，三井・三菱・住友などの15財閥の解体を指令，持株会社整理委員会の設立，**独占禁止法**・過度経済力集中排除法の制定がなされた。

　　寄生地主制の解体のため，政府は第1次農地改革案を決定するが不徹底とされ，改正農地調整法・自作農創設特別措置法による第2次農地改革がおこなわれた。これにより不在地主の小作地などを国が強制的に買い上げて小作人に安く売り渡した。その結果，自作農が大幅に増加した。労働では，労働組合法，労働関係調整法，労働基準法が制定された。教育では民主的な**教育基本法**や学校教育法が制定された。

　　政党では日本共産党が合法的に活動を再開した。選挙法も改正され選挙権資格が満20歳以上の男女となり，戦後初の総選挙では39名の女性議員が誕生。**吉田茂**が第1次内閣を組織した。

　　憲法改正では，マッカーサー草案を修正して政府原案とし，衆議院・貴族院で修正可決され，**日本国憲法**として公布・施行された。

　　戦後の民衆の生活は深刻な食料不足で，都市民衆は農村への買出しや**闇市**で飢えをしのいでいた。

五大改革指令

女性参政権の付与
選挙法改正で満20歳以上の男女に選挙権付与。

教育の自由主義化
教育基本法・学校教育法制定，教育委員会設置。

労働組合の結成奨励
労働組合法・労働関係調整法・労働基準法制定。

秘密警察などの廃止
治安維持法・特高廃止。政治犯の即時釈放。

経済機構の民主化
財閥解体・農地改革。

初めて女性に選挙権が与えられた。

連合国による日本統括の構図

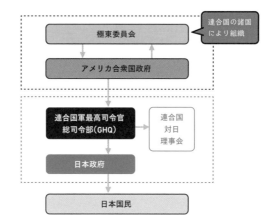

THEME 66　**POINT**

- ⌀ **GHQ**による間接統治。最高司令官のマッカーサーは五大改革を指示した。
- ⌀ 農地改革により自作農が大幅に増加。労働三法や教育基本法が制定された。
- ⌀ 選挙権が満20歳以上の男女に与えられた。日本国憲法が公布・施行される。

CHAPTER 09

History from
the Postwar Period
to Modern Times

THEME
67

Coffee Time
Discovery
JAPANESE HISTORY

冷戦の開始と
日本の独立回復

☕ 西側陣営と東側陣営が対立！

　第二次世界大戦後に国際連合が設立され，国際秩序は安定するかと思われたが，米ソが対立した。アメリカのトルーマン大統領はトルーマン゠ドクトリン（ソ連封じ込め）を発表，マーシャル゠プランにより西欧諸国の復興を援助した。また，西欧諸国との**北大西洋条約機構（NATO）**も結成された。一方，ソ連は東欧諸国と**ワルシャワ条約機構**を結成し，この対立は「**冷たい戦争（冷戦）**」と呼ばれた。中国では国民党に勝利した共産党が，1949年に**毛沢東**を主席として**中華人民共和国**を成立させた。朝鮮半島では北部に**朝鮮民主主義人民共和国（北朝鮮）**，南部に**大韓民国（韓国）**が成立した。

　1948年に成立した第2次吉田茂内閣（民主自由党）はGHQに経済安定九原則の実行を指令され，銀行家ドッジによる赤字を許容しない予算編成や，1ドル＝360円の単一為替レートの設定などのドッジ゠ラインを実施した。財政学者シャウプによる直接税中心主義などの税制改革もおこなわれた。

　1950年に**朝鮮戦争**が起こり，韓国側にアメリカ軍が国連軍として参戦し，北朝鮮側に中国人民義勇軍が参戦。冷戦が軍事衝突へと変化した。これにともない，日本ではマッカーサーの要請により警察予備隊が設置された。その後1953年に休戦協定が結ばれた。

☕ サンフランシスコ平和条約の発効で日本は独立を回復

　1951年に**サンフランシスコ平和条約**が調印され，翌年に日本は独立国として主権を回復したが，沖縄などはアメリカの施政権下におかれたままであった。平和条約と同時にアメリカ軍の駐留を認めた**日米安全保障条約（安保条約）**が結ばれ，翌年には基地提供や駐留費用分担などを定めた日米行政協定も結ばれた。

冷戦の構図（1946〜55年頃）

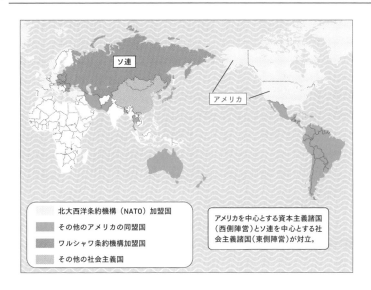

ソ連

アメリカ

北大西洋条約機構（NATO）加盟国

その他のアメリカの同盟国

ワルシャワ条約機構加盟国

その他の社会主義国

アメリカを中心とする資本主義諸国（西側陣営）とソ連を中心とする社会主義諸国（東側陣営）が対立。

朝鮮戦争と日本の独立回復

年	おもな出来事
1950	▶ 朝鮮戦争　　**日本への影響**　● 特需景気で好景気に　● 警察予備隊が組織 ➡ のちの自衛隊に　〔アメリカが支援する韓国と，ソ連・中国が支援する北朝鮮の対立。〕
1951	▶ サンフランシスコ平和条約調印　➡ 同日，日米安全保障条約も締結　〔アメリカは西側陣営として日本を独立させ，さらに軍事基地を日本におけるようにした。〕

 THEME 67 **POINT**

● 冷戦が始まり，両陣営は北大西洋条約機構・ワルシャワ条約機構をそれぞれ結成し対立した。

● 中国では中華人民共和国，朝鮮半島では北部に北朝鮮，南部に韓国が成立した。

● サンフランシスコ平和条約で日本は主権を回復。同時に安保条約も結ばれた。

CHAPTER 09
History from
the Postwar Period
to Modern Times

THEME
68

Coffee Time
Discovery
JAPANESE HISTORY

自民党と社会党による55年体制

国際的な緊張がしだいに緩和

1950年代半ば以降，米ソの対立が緩和して（「雪どけ」），核実験に関する部分的核実験禁止条約や核拡散に関する核兵器拡散防止条約が調印されるなど，核軍縮の動きがみられた。第三勢力では中国の周恩来とインドのネルーの会談で「平和五原則」が確認され，インドネシアのバンドンで開かれた**アジア＝アフリカ会議（バンドン会議）**により「平和十原則」が決議された。

55年体制の成立と安保闘争

1952年に皇居前広場で起こった「血のメーデー事件」を機に，破壊活動防止法が制定された。警察予備隊は保安隊に改組，自衛力拡大を義務とした日米協定（MSA協定）も締結された。そして保安隊と警備隊を統合して**自衛隊**が発足した。また，第五福竜丸事件を機に原水爆禁止運動も高揚した。

1954年，自由党反吉田派により日本民主党が結成され，総裁鳩山一郎が内閣を組織した。左右に分裂していた日本社会党は1955年に統一され，日本民主党と自由党も大同団結して，保守合同とされる**自由民主党（自民党）**が結成された。議席数が保守勢力約3分の2，革新勢力約3分の1の体制が以後40年近く続き，これを**55年体制**と呼ぶ。

鳩山一郎内閣は1956年にソ連と**日ソ共同宣言**を調印。国連の常任理事国であるソ連との国交が回復したことで，日本の国際連合への加盟が実現した。

その後「日米新時代」を唱える岸信介内閣が成立し，1960年に**日米相互協力及び安全保障条約（新安保条約）**を結んだ。この時，学生・市民らが**60年安保闘争**と呼ばれる巨大デモをおこなった。

55年体制

保守勢力の自由民主党（自民党）の初代総裁となったのは鳩山一郎。

保守勢力が3分の2，革新勢力が3分の1の議席を占める体制を55年体制と呼び，40年近く続いた。

戦後の文化

ノーベル賞	1949年	物理学賞	湯川秀樹
	1965年	物理学賞	朝永振一郎
	1968年	文学賞	川端康成
	1973年	物理学賞	江崎玲於奈
	1974年	平和賞	佐藤栄作
映像	黒澤明「羅生門」（ヴェネツィア国際映画祭金獅子賞）		
	テレビ放送開始（1953年）➡カラー放送（1960年）		
	手塚治虫による国産アニメーション「鉄腕アトム」放送開始（1963年）		

THEME 68 **POINT**

◉ 米ソ対立の「雪どけ」。アジア=アフリカ会議で「平和十原則」が決議された。

◉ 日本社会党の統一，自由民主党の結成で55年体制が成立。以後40年近く続く。

◉ 岸信介内閣は新安保条約を結んだ。学生・市民らによる60年安保闘争が起こる。

CHAPTER 09

History from
the Postwar Period
to Modern Times

THEME

69

Coffee Time
Discovery

JAPANESE HISTORY

「もはや戦後ではない」
高度経済成長

沖縄の日本復帰がついに実現

　岸信介内閣にかわった池田勇人内閣は「寛容と忍耐」を唱えて**国民所得倍増**を目指し，計画以上の経済成長を達成した。また，国交のない中華人民共和国と準政府間貿易（LT貿易）を取り決めて貿易拡大を目指した。次の**佐藤栄作**内閣は韓国と**日韓基本条約**を結び，国交を樹立した。その後**非核三原則**を国の方針として掲げ，沖縄での祖国復帰運動が活発化する中，1971年に沖縄返還協定に調印し，翌年沖縄が日本に復帰した。

高度経済成長の一方で公害も発生

　日本経済は朝鮮戦争でアメリカが軍需品の大量生産を日本に要請したことから**特需景気**で好況となり，鉱工業生産は1951年に戦前の水準を回復した。
　1955〜57年に神武景気と呼ばれる好景気となり，1956年度の経済白書では「**もはや戦後ではない**」と記された。1958〜61年には岩戸景気，1966〜70年にはいざなぎ景気と呼ばれる好景気となった。1968年に資本主義国では世界第2位の国民総生産（GNP）を達成した。日本は国際収支を理由に輸出入制限ができないGATT11条国に移行し，為替の自由化が義務づけられたIMF8条国にも移行，資本の自由化を義務づける**OECD（経済協力開発機構）**にも加盟した。
　高度経済成長期（1955年から約20年間）に日本は大衆消費社会となり，三種の神器（白黒テレビ・電気洗濯機・電気冷蔵庫）や，3Cともいう新三種の神器（カー［自動車］・クーラー・カラーテレビ）が普及した。1964年には**東海道新幹線**が開通した。
　その一方で，新潟県の新潟水俣病，三重県の四日市ぜんそく，富山県のイタイイタイ病，熊本県の水俣病の**四大公害訴訟**がおこった。これを受けて**公害対策基本法**が制定され，環境庁も設置された。

高度成長期の流れ

内閣	年	おもな出来事
池田勇人	1960	国民所得倍増計画発表
	1964	東海道新幹線開通
		東京オリンピックの開催
佐藤栄作	1965	日韓基本条約締結
	1968	資本主義国でアメリカにつぐGNP世界第2位
	1971	沖縄返還協定締結 　翌年, 沖縄の日本復帰。

戦後の文化

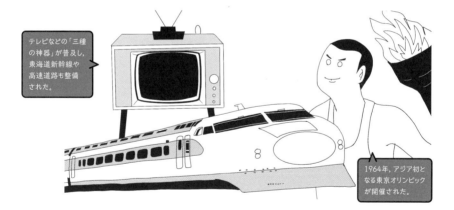

テレビなどの「三種の神器」が普及し, 東海道新幹線や高速道路も整備された。

1964年, アジア初となる東京オリンピックが開催された。

THEME 69 **POINT**

◉ 池田勇人内閣が国民所得倍増を掲げる。佐藤栄作内閣のときに沖縄が日本復帰。

◉ 1955年から高度経済成長が始まる。国民総生産は資本主義国で世界第2位に。

◉ 四大公害訴訟がおこる。国は公害対策基本法を制定し, 環境庁を設置した。

CHAPTER 09
History from
the Postwar Period
to Modern Times

THEME
70

Coffee Time
Discovery
JAPANESE HISTORY

石油危機を乗り越え経済大国になった日本

☕ 第一次石油危機で高度経済成長が終わる

1960年代後半，アメリカはベトナム戦争での軍事支出の膨張などでドル危機となった。ドルへの信用が揺らぎ始めると，1971年にアメリカのニクソン大統領は金・ドル交換停止などの新経済政策を打ち出した。またニクソン大統領は1972年に中国を訪問し，米中の和解を図った。

1972年に「日本列島改造論」を掲げた田中角栄が組閣し，**日中共同声明**に調印して中国との国交正常化を実現した。1973年の第4次中東戦争でアラブ諸国が石油輸出を制限し原油価格も引き上げると**第1次石油危機**となり，日本経済は大打撃を受けた。激しいインフレがおさまらないまま不況が続くスタグフレーションが起こり，1974年は戦後初のマイナス成長で高度経済成長の終焉となる。田中角栄内閣も政治資金調達をめぐる問題で退陣した。

後継には，クリーンな政治を掲げる三木武夫内閣が成立した。1975年には，世界規模の経済不況などの重要な国際問題を議論するために，**先進国首脳会議（サミット）**が開催された。その翌年田中角栄元首相がロッキード事件の収賄容疑で逮捕され，自由民主党は総選挙で大敗。三木武夫内閣は退陣した。次の福田赳夫内閣のときに**日中平和友好条約**が締結された。後継の大平正芳内閣のときには，イラン革命をきっかけに**第2次石油危機**が起こった。

☕ 日本経済は安定成長路線に

第1次石油危機や第2次石油危機を乗り切った日本は安定成長となり，企業は省エネルギーなど「減量経営」をおこない，ハイテク産業が拡大した。日本は貿易黒字を拡大し，欧米諸国と**貿易摩擦**が生まれた。貿易摩擦は1980年代の自動車対米輸出の拡大など日米間でとくに深刻だった。一人当たり国民所得は円高の影響もありアメリカを追い抜き，経済大国となった。1990年代には**政府開発援助（ODA）**の供与額も世界最大となった。

🖊 原油価格の移り変わり

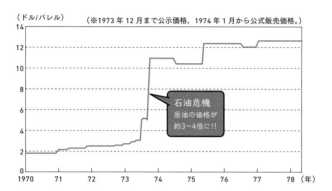

（ドル/バレル）　（※1973年12月まで公示価格，1974年1月から公式販売価格。）

石油危機
原油の価格が
約3〜4倍に!!

🖊 石油危機の背景

原油を中東地域に依存していた日本は大打撃。
高度経済成長は終了。

年	出来事	背景
1973	第1次石油危機	第4次中東戦争勃発。アラブ石油輸出国機構（OAPEC）の石油戦略で原油価格が上昇
1979	第2次石油危機	イラン革命での産油諸国による原油価格引き上げ

THEME 70　**POINT**

- ✎ 田中角栄内閣は日中共同声明に調印して中国との国交正常化を実現した。
- ✎ 第4次中東戦争をきっかけに第1次石油危機が発生。高度経済成長が終わる。
- ✎ 石油危機を乗り切った日本は安定成長に。貿易黒字の拡大で貿易摩擦が発生。

CHAPTER 09
History from
the Postwar Period
to Modern Times

THEME
71

Coffee Time
Discovery
JAPANESE HISTORY

バブル経済と冷戦終結

泡のようにふくれあがったバブル経済

　　中曽根康弘内閣は行財政改革を実施し，NTTとなる電電公社，JTとなる専売公社，JRとなる国鉄の民営化をおこなった。1985年にはドル高の是正が図られ，米・英・日・仏・西独の5カ国大蔵大臣・中央銀行総裁会議（G5）（翌年からは伊・カナダも参加したG7として開催）によりプラザ合意が結ばれた。この合意により円高が進み，円高不況となった。その後内需拡大政策などで景気は回復したが，超低金利政策でだぶついた資金が株価・地価を急騰させ，**バブル経済**となった。竹下登内閣では消費税3％が導入された。

冷戦の終結と55年体制の崩壊

　　緊張緩和状態であった米ソ関係は1979年にソ連のアフガニスタン侵攻により「新冷戦」が始まり，再び対立の姿勢が鮮明になった。アメリカは国家財政と国際収支で赤字となり，世界最大の債務国となった。ソ連ではゴルバチョフがペレストロイカを進め対米関係を改善，米ソは中距離核戦力（INF）全廃条約を結び，1989年に冷戦の象徴であったベルリンの壁が壊され，マルタ島会談で**冷戦の終結**を宣言した。1990年には，東西ドイツは統一し，翌年にはソ連も解体した。

　　1989年に昭和天皇が死去，明仁皇太子が即位して元号が**平成**となった。1991年，クウェートに侵攻したイラクに対し多国籍軍（米軍など）が国連決議により武力制裁をおこなう**湾岸戦争**が発生した。宮沢喜一内閣では自衛隊の**国連平和維持活動（PKO）**での海外派遣を可能とする**PKO協力法**が制定された。1993年，共産党を除く非自民の8党派連立政権が誕生し，日本新党の細川護熙が首相となり，55年体制は崩壊した。

✎ 55年体制の崩壊までの流れ

内閣	年	おもな出来事
中曽根康弘 ①～③	1985	民営化…電電公社→NTT　専売公社→JT
		プラザ合意
	1986	バブル経済開始
	1987	民営化…国鉄→JR
竹下登	1988	牛肉・オレンジの輸入自由化決定
	1989	昭和天皇が死去，明仁皇太子が即位　平成に改元。
		間接税の消費税が3％で導入
宇野宗佑		中国で天安門事件発生
		米ソがマルタ島会談で冷戦の終結を宣言
海部俊樹 ①・②	1990	東ドイツ・西ドイツ統一
	1991	バブル経済終了　平成不況に。
		湾岸戦争
宮沢喜一		ソ連解体
	1992	PKO協力法公布
細川護熙	1993	非自民8党派連立政権の誕生　55年体制崩壊。

対米貿易の黒字が増加したため，日本はアメリカから農産物の輸入自由化を要求された。

09

THEME 71 **POINT**

◎ 1980年代後半株価・地価が急騰しバブル経済に。牛肉・オレンジの輸入自由化。

◎ マルタ島会談で米ソ首脳が冷戦の終結を宣言。東西ドイツは統一，ソ連は解体。

◎ PKO協力法が制定され，国連平和維持活動における自衛隊の海外派遣が可能に。

CHAPTER 09

History from
the Postwar Period
to Modern Times

THEME

72

Coffee Time
Discovery

JAPANESE HISTORY

大震災や不況に直面した平成の日本

🍺 1990年代の政党政治の変遷

細川護熙内閣では選挙制度改革で衆議院に小選挙区比例代表並立制が導入された。次の羽田孜内閣は短命で，3党連立政権となる**村山富市内閣**が成立した。1995年には関西で**阪神・淡路大震災**が発生し，オウム真理教団による地下鉄サリン事件も起こった。

1996年には自民党の橋本龍太郎により連立政権が成立し，消費税増税で5％となった。北海道旧土人保護法が廃止されて**アイヌ文化振興法**が成立した。また，日米防衛協力のための指針（ガイドライン）が日本への武力攻撃以外の周辺事態にも日米で防衛協力するように見直された。次の小渕恵三内閣では，周辺事態安全確保法などの新ガイドライン関連法が制定された。

🍺 バブル崩壊後の長引く平成不況

1990年から株価が急落し，翌年には景気後退となりバブル経済の崩壊で**平成不況**となった。また，多国籍企業の増加で生産拠点が海外に移転されると国内産業の空洞化現象が起こり，失業者も増大した。

小泉純一郎内閣の時，日本郵政公社を民営化する郵政民営化法の制定など新自由主義的改革が進められ，所得格差・地域格差が拡大した。また，同時多発テロ事件を機にテロ対策特別措置法が制定され，その後，イラク戦争が勃発した。外交では小泉首相が北朝鮮を訪問して金正日総書記と会談した。

その後第1次安倍晋三内閣，福田康夫内閣，麻生太郎内閣が成立し2008年にはアメリカで発生した**リーマン＝ショック**で世界経済が大打撃を受けると，翌年の2009年に民主党の鳩山由紀夫が組閣し政権交代となった。2011年に**東日本大震災**が発生し，それに伴う東京電力福島第一原子力発電所事故に対処した民主党政権後，第2次安倍晋三内閣が誕生した。2019年には天皇退位もあり，徳仁皇太子の即位で令和に改元された。

🖊 平成時代の流れ

内閣	年	おもな出来事
細川護熙		小選挙区比例代表並立制導入
羽田孜	1994	新生党などの非自民連立内閣
村山富市		日本社会党・自民党・新党さきがけの連立内閣
	1995	阪神・淡路大震災発生
橋本龍太郎	1997	●消費税5％実施　●アイヌ文化振興法公布 ●日米防衛協力のための指針（ガイドライン）見直し
小渕恵三	1999	新ガイドライン関連法公布
森喜朗①・②	2000	
小泉純一郎 ①〜③	2001	米：同時多発テロ事件　テロ対策特別措置法でアメリカ支援。
	2003	イラク戦争→イラク復興支援特別措置法（自衛隊派遣）
	2005	郵政民営化法公布（日本郵政公社を民営化）
安倍晋三①	2007	防衛省発足
福田康夫		
麻生太郎	2008	米でのリーマン＝ショックによる世界金融危機が進行
鳩山由紀夫	2009	民主党が選挙で圧勝し政権交代
菅直人	2011	東日本大震災発生
野田佳彦	2012	尖閣諸島を国有化
		自民党が政権奪還，公明党と連立内閣
安倍晋三 ②〜④	2014	消費税8％実施
	2015	選挙権が満18歳以上の男女に変更
	2019	天皇退位（光格天皇以来），徳仁皇太子即位　令和に改元。
		消費税10％実施

THEME 72 POINT

- 細川護熙内閣で小選挙区比例代表並立制が導入。1995年に阪神・淡路大震災。
- 1990年から株価が急落し景気が後退してバブル経済が崩壊。平成不況となった。
- リーマン＝ショックの1年後に民主党の鳩山由紀夫内閣が成立して政権交代。

| CHECK |

確 認 問 題

〈 戦 後 ～ 現 代 〉

History from the Postwar Period to Modern Times

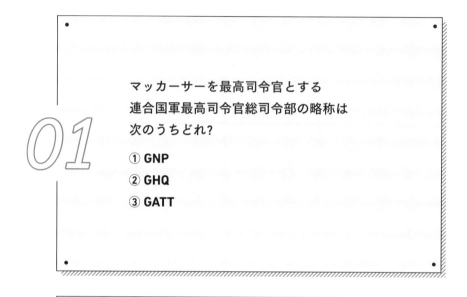

01

マッカーサーを最高司令官とする
連合国軍最高司令官総司令部の略称は
次のうちどれ?

① GNP

② GHQ

③ GATT

02

日本と連合国との間の講和条約である
サンフランシスコ平和条約と同時に
結ばれたのは次のうちどれ?

① プラザ合意

② 日米安全保障条約

③ 日中平和友好条約

03

日韓基本条約の締結による韓国との国交樹立や，
沖縄の日本復帰を実現した首相は次のうち誰?

① 吉田茂
② 池田勇人
③ 佐藤栄作

04

高度経済成長期の出来事は
次のうちどれ?

① 東海道新幹線の開通
② 警察予備隊の設置
③ バブル経済

答え ▷ P.188

| CHECK |
確 認 問 題 の 答 え

CHAPTER 01　旧石器時代〜古墳時代 *p.20*
01 ③　02 ②　03 ①　04 ②

CHAPTER 02　飛鳥時代〜奈良時代 *p.38*
01 ②　02 ③　03 ②　04 ①

CHAPTER 03　平安時代 *p.50*
01 ①　02 ③　03 ③　04 ②

CHAPTER 04　院政〜鎌倉時代 *p.66*
01 ②　02 ②　03 ①　04 ③

CHAPTER 05　建武政権〜室町時代 *p.82*
01 ③　02 ②　03 ③　04 ①

CHAPTER 06　安土桃山〜江戸時代 *p.122*
01 ①　02 ②　03 ①　04 ③

CHAPTER 07　明治時代 *p.144*
01 ②　02 ③　03 ②　04 ①

CHAPTER 08　大正〜昭和時代 *p.168*
01 ①　02 ②　03 ③　04 ③

CHAPTER 09　戦後〜現代 *p.186*
01 ②　02 ②　03 ③　04 ①

監修者プロフィール

佐 藤 四 郎
Shiro Sato

予備校講師や私立高校教師として，日本史の指導に長年携わる。
入試に頻出する事項を的確に学び，徹底して丁寧に解説する姿勢で，
多くの高校生に歴史の面白さを届けてきた。
著書に『HISTORIA［ヒストリア］日本史精選問題集』や，
監修に『MUSIC STUDY PROJECT　ボカロで覚える高校日本史』，
『最速で覚える日本史用語』
（いずれもGakken）などがある。

コーヒー1杯分の時間で読む
「教養」日本史

STAFF

監修
佐藤四郎

執筆・編集協力
中屋雄太郎　野口光伸

編集協力
粕谷佳美　高木直子　Joseph Tabolt

装幀
新井大輔　八木麻祐子
（装幀新井）

イラスト
茂苅恵

企画編集
八巻明日香

データ作成
株式会社四国写研

Re Series　［アール・イー シリーズ］

＊「くりかえす，ふたたび，〜し続ける」を意味する接頭語「re-」より。

「人生100年時代」が叫ばれる現代，より豊かな人生を切り拓くためには「学び」が
カギになります。大人になった今こそ，自由に学びたい —— そんな想いに寄り添い，
好奇心をちょっぴり刺激する「大人の学び」を届けるシリーズです。

読者アンケートご協力のお願い

▼ WEBからご応募できます!

アンケート番号

406939

ご協力いただいた方のなかから抽選で
ギフト券(500円分)をプレゼントさせていただきます。

＊アンケートは予告なく終了する場合がございます。あらかじめご了承ください。

①